神さまが教えてくれた
魂の法則

霊視カウンセラー
尚

光文社

ブックデザイン　ニマユマ
構成　向山奈央子

はじめに

今、人知れず悩み、苦しい思いをされている方へ。

「こんなはずではなかったのに」

「もう、こんな思いはイヤだ」

「私は幸せになりたいだけなのに」

また、言葉にはできない、いろいろな思いを抱えていらっしゃることと思います。

この世に生きていくと、悩みごとやネガティブな出来事と、どうしても無縁《むえん》ではいられません。

「幸せになる」とは、どうして、こんなに難しいことなのでしょうか？　どうしたら、もっと自由に、思い通りに生きられるのでしょうか？


私は「霊能力」を持って、この世に生まれてきました。

幼いころから亡くなった方の御霊《みたま》をごく当たり前に見て、そして見えない世界の方々からはさまざまなメッセージを受け取ってきました。

その中でも特に、ご神仏から繰り返し教えられていることがあります。

それは、

「人は幸せになるために、この世に生まれているのだ」

ということです。

今まさに苦しみの渦中にある方にとっては、その言葉は虚《むな》しく響くかもしれません。

人によっては、きれいごとにしか聞こえないかもしれないとも思います。

それでも――。

これまで私が「霊視カウンセラー」として、さまざまなクライアントの人生に寄り添い、その方の守護霊さまともお話ししてきた経験から、そのメッセージは真実だと確信しています。

私たちは全員、幸せになるために生まれてきました。

あなたも私も、確かにこの人生で幸せになれます。

今この世で起きていることは全て、幸せになるための過程なのです。

ただ、私自身、真実に至るまでには、ご神仏のメッセージが受け止めきれず、疑ってしまうようなことが何度もありました。

私の場合は、特に霊能力を授かったことによって、霊能者としても、一人の人間としても、つらい出来事や理不尽な思いをいっぱい経験して、いえ、正直な感覚で言うと〝経験させられて〟きました。

「もうダメだ。もうイヤだ。逃げたい」

と何度、思ったことでしょう。

それでも、時には泣きながら、この道を進み続けました。

霊能力があるから苦しいのですが、だからこそ、すぐそばに見守っている存在がいらっしゃって、苦しみの中から、何か大切なことを教えようとしてくださっているのが、まざまざと感じられたからです。

そして、師匠や仲間たちにも支えられて、一つ一つを乗り越えてきた現在、

「今の自分があるのは、これまでの試練があったからこそなんだ。一つもムダな経験

などなかった」

と心から思えます。

今でも悩みや問題は多々ありますが、それでも、全てのことは何か意味があって現れているのだと、まずは受け止めることができるようになりました。

今この本を手にとってくださった皆さん。

皆さんもそれぞれ、今はどんなに苦しくても必ず乗り越えていけるし、この人生で幸せになる、その道筋にいるのは間違いないのです。

ただ、それでもなお「信じられない」という人も多いでしょう。

それはある意味、仕方のないことかもしれません。ほとんどの方が生まれる前の記憶がなく、過去生において数々の困難を乗り越えてきた実感がないのですから。

そこで、本当は誰もが知っているとても大切なこと、「魂《たましい》」について、思い出してほしいと思います。

実際には「思い出す」という感覚にはならないかもしれませんし、また「魂とか言われるとちょっと……」と抵抗がある方もいらっしゃるかもしれません。でも、

「なるほど。こんな考え方をしたら、前向きになれるかも」くらいに思って、参考にしてくださったらうれしいです。

さて、皆さんがきっと忘れているであろう、生まれる前のこと。私たちの「魂」についての物語を、ここで少しだけご紹介しましょう。

私たちは全員、魂の世界から、この世に降りてきました。

なぜ生まれたのかというと、この世で肉体を持って生きて、魂の学びを深めるためです。

私たちの魂はそれぞれに、まだ学び切れていない「課題」を携えています。

今生《こんじょう》で、自分の「課題」に取り組みクリアしていくこと。それこそが、この世に生まれた意味であり、また目的なのです。私たちは「きっとやり遂げてきます！」と上の世界の方々と約束して、この世に降り立ちました。

ちなみに人生で、苦しみやネガティブな出来事がどうしても避けられないのは、その中に、あなた自身の「課題」があるから。向き合わざるを得ない形となって、それが現れているのです。「課題」はあなたが逃げようとすればするほど、何度でも、あなたの前に立ちはだかります。でもちゃんと向き合って、一つ一つ乗り越えていこうとすれば、消えていくのです。あなたのために「課題」はあるのです。

そして、どんな人生も、やがて終わりの時を迎えます。寿命が来ると、魂は肉体を去り、元の世界へと帰っていく。その時、どれだけのことを学び、どれだけ魂が磨かれたかで、魂のステージが上がっていきます。

輪廻《りんね》転生《てんしょう》ともいいますが、私たちの魂は、何度もこのプロセスを経験していて、今回の人生も、そのチャレンジの一つです。

一番大切なことは、私たちは、この挑戦を「自分で選んだ」ということ。

たとえ今は思い出せなくても、あなたの魂は確かに、この世に生まれることを選びました。魂が選んでいなかったら、そもそも生まれていないのです。


この魂の物語は、少しばかり壮大に思えるかもしれません。

実際の生活では、人間関係に傷ついたり傷つけたり、悩みごとも日々あって、魂の話どころか、生きていくだけで精いっぱいという方も多いでしょう。

そこで本書では、どうしたら、ままならないこの人生の中で「幸せになる」方向へ向かっていけるのか、その考え方や生き方のコツを108個、お伝えしていきます。

108個の言葉はシンプルですが、身近によくある心や人生の問題について、多岐にわたって記しています。

その全てが、見えない世界の方々から伝えられてきたもの。この世で私たちに起こることを、「魂の法則」で読み解くとどうなるか――その読み解き方のコツといってもいいかもしれません――私自身が苦しかった時期に教えていただいたこと、助けられたことも、たくさんご紹介させていただきます。

と書いていて、今ふと思いましたが、ここで皆さんに自信を持ってお伝えできるように、私のこれまでの経験があったのかもしれません。見えない世界の方々は十数年がかりで、綿密《めんみつ》な「仕掛け」をなさることも多いんです。

この本は、じっくり最初から読んでもいいですし、パッと開いたページや、たまたま目についた言葉を一個、心に留めてみるだけでもいいです。

何か問題があって具体的なアドバイスが欲しい時は、守護霊さまや御縁のあるご神仏に向かって、

「今、私は○○で悩んでいます。乗り越えていけるように努力しますので、お力添えください。そのためのヒントを授けてください」

とお願いしたあとに、好きなページを開いたり、思いつくナンバーのところを見たりするのもいいですね。

また、本を読んでいるうちに、身近でも繰り返される言葉があったら、

「何か意味があるのかも？」

と、一度は受け止めるようにしてみてください。なにげないようでも、それは守護霊さまやご神仏の存在が、あなたに届ける大切なメッセージなんです。

重ねて申し上げましょう。

私たちは、幸せになるために、この世に生まれてきました。

私たちはもっともっと、幸せに生きていいんです。

そして、胸に刻んでほしいのは、本当にあなたを幸せにしてあげられるのは、あなた自身だということ。

私ができるのは、ほんのお手伝いにすぎません。

幸せになる覚悟を決め、あなたの幸せのためにあきらめず前に進んでいきましょう。あきらめなければ、必ず幸せを感じることができるようになります。

ご神仏は、いつどんな時でもあなたの幸せを全力で応援し、時には力を貸してくださっています。

「魂の法則」に則《のっと》って、本来の道を歩むために——。

この本があなたの心に寄り添い、少しでも勇気づけられたら、こんなにうれしいことはありません。

霊視カウンセラー 尚

001

どんな時代、
どんな環境でも
心一つで幸せに生きられます。

コロナ禍や地球の気候変動、天災、戦争など、私たちは今、大きく揺れ動く波乱の時代を生きています。そのせいか、漠然《ばくぜん》とした不安を、多くの人が持っているように感じます。

でも、決して現代だけが、急に「不安の時代」になったわけではありません。人類が生きてきた中で、これまでにも不穏な時期は何度もありました。たとえ記憶はなくても、私たちの魂は何度も転生して、いろいろな時代、いろいろな人生を経験してきたんです。

どの時代にあっても、真理は変わりません。

それは、「幸せ」とは自分の心一つだ、ということ。

どんな環境の下《もと》にあろうとも、自身の心がけ次第で、いかようにも人生の風景は変えることができるんです。

もしも明日、世界が滅《ほろ》びる宿命だったとしても、魂の関心は「今日一日、今この一瞬をどう生きるか」だけ。心豊かに幸せに生きようとすれば、そのプラスのエネルギーは魂に永遠に刻《きざ》まれ、記憶されていきます。

どうぞ不安の感情に負けないように、心を強くして、この世を生き抜きましょう。

002

まず「幸せになるんだ」と決めてください。

「この自分では、幸せになってはいけない」

と、思い込んでいる人はとても多いです。

私の霊視カウンセリングでは、さまざまな方がいらっしゃって、さまざまな悩みをお話ししてくださいます。

皆さんに共通しているのは、今抱えている苦しみを解消して「幸せになりたい」と願っていること。でもそう願いながら、実は心の奥底で、自分が幸せになることに、抵抗感や罪悪感を持っている人がいます。

そういう人たちの話を解きほぐしていくと「私は幸せになれない」「今の私にはこういうことがあるから、幸せになってはいけない」と、強い思い込みがあります。そのせいで行動を無意識に自制したり、我慢したりするほうを選んでしまう。

でもこの場を借りて、ハッキリお伝えしておきます。

幸せになるために、私たちはこの世に生まれてきました。

「でも……」「だって……」

そんなふうに反論したくなっても、どうか今、心に決めてください。

自分は幸せになるんだ、なれるんだ、と。

どうしてもそう思えないなら、まずは言葉だけ、「幸せになる」と声に発してみることから始めてみたっていいんです。

003

今生でやり残した魂の課題は来世に持ち越します。

人は何度も生まれ変わります。輪廻転生ともいいます。

魂は何度もこの世に生まれ、さまざまなことを学んでいます。肉体を持つのは、そのほうが魂の学びの進みが早いから。魂はこの世の学びを得たら、やがて肉体を去って、再び魂の世界に戻ります。

もちろん肉体には寿命があるので、人生が長い人もいれば、短い人もいます。一見不公平なように感じるかもしれませんが、この世に生きている間に、その魂がどれだけのことを体験し学べるかは、その人次第、その魂次第。寿命の長短は関係ありません。どのような人生を送っても、魂の学びは別の次元で進みます。

そして今回の人生で何を学ぶべきかは、人によって、生まれる前に設定してきた「課題」によって変わります。この課題に取り組み、クリアすることでこそ、魂は学べるのです。仏教ではこれを「カルマ」と呼ぶこともあります。

もし、今の人生で「課題」に取り組むのを、あきらめたらどうなるでしょうか。「課題」はクリアされず、魂には大きな悔いが残ります。そして、来世へと持ち越しになります。

「今どう生きるか」で、来世が変わっていくのです。

004

私たち全員に共通した課題は「今、この人生で幸せになること」

私たちはこの世に生まれる時、それぞれ、この人生で取り組むべき魂の「課題」を設定しています。人によって、それは家族やパートナーシップのことだったり、仕事のことだったり、健康のことだったり、いろいろです。また、一生を通して現れ続ける大きな課題もあれば、特定の時期に発生する小さな課題もあり、その組み合わせは無数にあります。

この世に生きる意味は、自分の「課題」に気づき、取り組み、クリアしていくこと。それで魂が学びを深めて、磨かれていくのです。

「課題」は人によって違うのですが、みんなに共通した大枠は、一つです。それは「今、この人生で幸せになる」ということ。だから「いかに心が幸せになるか」が、ものすごく大事なんです。

かつて「ご飯さえ食べられれば幸せ」と、みんなが感じていた時代がありました。今はどうでしょう。もしかしたら、物質面で豊かになった分、少し幸せを感じにくい面はあるかもしれませんね。

それでも、昔も今も「課題」の大枠は同じ。どんな時代、環境にあっても、人は幸せになるために、それを学び体験するために、この世に生まれてきたんです。

005

お金を持つのは豊かなこと。
お金を生かすのはもっと豊かなことです。

「今、この人生で幸せになる」ことが、私たち全員の「課題」の大枠です。

現代の特徴として、「お金」も幸せの大切な要素の一つだと、私は感じています。

今の時代に生きる私たちは、心も豊かに、そして経済的にもしっかり豊かになってこそ幸せになれます。お金は必要だし、とても大事です。

でも、そのように私が言うと、ビックリする人も中にはいるんですね。そういう人は日ごろからお金を儲《もう》けたり、欲しがったりすることや、お金の話をすることにどこか、罪悪感を抱《いだ》いてしまうようです。

そもそもお金とは、人々の生活を支える大切なエネルギーの一つ。エネルギーは巡ってこそ、豊かに育ち、みんなが幸せに向かっていけます。

もちろん世の中には「お金持ちになること」自体に必死になっている人もいます。そういう人はお金を一人でかかえこんでしまい、エネルギーの巡りを悪くしているので、結局幸せに向かえていません。魂が感じる本当の幸せに気づけていないのです。

自分の魂を満たすために、必要なお金は感謝して受け取り、そしてありがたく使って、他の人へと回していきましょう。

お金というエネルギーを生かしていくことで、心も豊かになっていきます。

006

私たちはいつも
「目の前の幸せに気づけるかどうか？」
を問われています。

霊視カウンセラーの立場から、多くの方の人生を垣間見《かいま》てきて、つくづく感じるのですが、幸せの形には本当にさまざまなものがあります。

幸せの形はその人のもの、そこに至るまでには、その人ならではの道筋や思いがあるんですね。他人がとやかく口を出せるものではないんです。

でも今はSNSの影響もあるのか、他人の幸せばかりに目がいってしまいがちな風《ふう》潮《ちょう》があります。そこには、あれこれ批判したり、意見したりしてしまう不寛容なムードも感じてしまいます。

でも、幸せとは、決して人と比べるものではありません。

一方で、そうだと頭でわかっていても、時に幸せそうな人を見て、感情がザワザワしてしまう時もあるでしょう。「比べまい」と思っても、つい比べて落ち込んでしまう。「自分に幸せはない、なれない」といじけてしまう。落ち込んだ時には、多くの人が多かれ少なかれ、経験したことがあるのではないでしょうか。

そんな時こそ、自分自身にフォーカスしてください。あなたの幸せは、あなたの目の前に必ずあります。

目の前の幸せにどのくらい気づけるか、いつも私たちは問われているんです。

007

和《なご》やかな顔つきの人はそれだけで、
人を癒やし、天に徳を積みます。

赤ちゃんは、料理や掃除をするわけではないし、世の中に役立つような立派な仕事をしているわけでもありません。でもニコニコと笑うだけでたちまち、そこにパッと花が咲くように、明るく優しい空気が生まれますね。ただそこにいるだけで、みんながついニッコリしてしまう、すごい存在感があります。

赤ちゃんを見ていると、「大人はつい難しく考えてしまうけれど、笑顔一つで人の心は癒やされるんだな」と感じます。

私の友人にも、いつもニコニコとして、穏やかな人がいます。その方は普段から顔つきが和やか。そこにいるだけで、私も、みんなもホッとできるんです。みんなが安心できてにこやかになるから、それでまた、その人の笑顔もいっそう輝いていきます。

仏教では「和顔施《わがんせ》」という言葉があります。和やかな顔は、それだけで人への施《ほどこ》しになり、天に徳を積むという考え方です。

もちろん時には、とても笑えない、それどころではないという日もあります。心が曇りの日、雨の日には「和顔施」を心に留めておくだけでもいいんです。

どうぞ笑顔の力を知って、大切にしてください。

008

あなたが他の人をうらやんでしまう時は相手も、
あなたをうらやんでいることが多いんです。

他人と比べること、それ自体は決して悪い行動ではありません。「よし、私もあの人みたいにガンバろう」と思えれば、それが原動力になります。

でも、ちょっと気をつけたいのは「あの人に比べて、私なんか全然ダメだ」と落ち込んだり、嫉妬《しっと》の思いを持ってしまったりする時です。そんな時は、こんなふうに考えてみてください。

案外、あなたが嫉妬を感じた相手は相手で、あなたを見て、うらやましがっているかもしれません。自分にとってその人が持っている「A」がすごくいいなと思っても、その人から見たら、あなたの持っている「B」こそが、欲しくてたまらないかもしれないんです。あなたも相手もないものねだり同士。だからこそ、互いの存在が気になるし、モヤモヤするのです。

でも他の人が何を持っているかなんて、実際のところは誰にもわからないもの。例えば、お金持ちでも信頼できる仲間がいなかったり、いつも友人に囲まれて楽しそうにしていても心の奥底に深い孤独があったり……。それなのに人は「自分は、あの人に比べて、何も持っていない」となぜか思い込んでしまうようです。

一番身近な存在こそが自分。すでに自分が手にしているものに目を向けましょう。

009

嫉妬のタネを上手に育てると
成長して花が咲きます。

人は、自分と遠くかけ離れた相手に、嫉妬は感じません。誰かにジェラシーを感じてしまうのは、自分の中にその人と近い要素があって「自分もそうなれるはずなのに……」と、心のどこかで意識しているからです。

ということは、人に嫉妬心を持つ時は、自分の中にまだ眠っている要素に気づくチャンスとも言えるわけです。どんなことに興味や関心があるのか、どうなりたいのか、どんなことが好きなのかなど、「自分を知る」大ヒントの到来なんです。この機会を生かさない手はありません！

眠っている自分の欲求に気づけたら、今度は行動を起こしていきましょう。実現するにあたり、自分に合った方法やペースがきっとあるはずですから、焦らず、小さな一歩でいいので踏み出してみてください。

小さな行動を重ねていくと、不思議なことに、嫉妬のタネはいつのまにか大きく育って変容し、今度はあなたの人生が花開いていきます。常に行動を起こしている人は、嫉妬しません。やることが多いし、満たされていくので、人のことを気にしているヒマがなくなるからです。

嫉妬のタネは成長のチャンス。どんどん拾って、大きく育てていきましょう。

010

怒りは
前へ進む、強いエネルギー。

怒りは人にとって、生きていくのに必要なエネルギーの一つです。

例えば、今自分が置かれた環境に対して不満がある時を考えてみてください。「どうして私がこんな目に……」と怒りがあれば、「なんとかしたい」「次に進みたい」と、強い意志と実行力が生まれます。満足して怒りを感じない状況では、決して生まれないであろうパワーを、怒りは生み出してくれるのです。

人が生きてきた歴史を眺めてみれば、人には「怒り」の感情があるから、世の中の仕組みを変えて、社会を成熟させてきた、という面もありますよね。

怒りは大切な感情の一つ。だから日常生活の中で、つい怒ってしまったとしても「そんな自分はダメ」などと、あまり押さえつけすぎないほうがいいんです。

ただし、強烈なパワーがあるぶん、怒りの感情に巻き込まれやすいのも事実です。

強い怒りを感じた時は、怒っている自分を、まずは自分でしっかり認めてあげる。そのようにすると、感情とわずかに距離がとれて、巻き込まれにくくなります。

心をなだめながら、衝動のままに相手に怒りをぶつける行動だけは、なんとしても避けるようにしてください。その瞬間は正義のように感じられても、相手を傷つける行為は結局、あなた自身をも傷つけてしまうからです。

011

イライラした時はチャンス。
自覚していない「我慢」がわかります。

怒りとは言わないまでも、ちょっとしたことでイライラしてしまうことは、日常生活の中でわりとよくあります。

イライラは、自覚なく何かを我慢している時に発生することが多いようです。

例えば、「子どもが○○をしてくれなくて、イライラします。このままだと子どもに手を上げてしまうかもしれない」と話すクライアントさんがいたとしましょう。

その方は、イライラは、子どもが原因だと考えています。

でも丁寧《ていねい》に悩みを聞いていくと、「子どもに時間を取られて、好きなことをする時間がない」という思いに行き当たります。そこで、なぜ時間がないかを考えると、家事や仕事を完璧にしようとしている。だから物理的に時間がなくなっています。それでは、なぜこの方は完璧にこなそうとするかというと、「良い母親とは家事をきっちりこなしてこそ」という、自覚していない思い込みがあるんです。そのせいで自分が楽しむ時間を無意識に自制していたんですね。その我慢があるから、子どもが思い通りに動かないとイライラしてしまう。それは、子どもへの愛情とは全然違う次元での、自然な心の働きだったわけです。

イライラした時は、無意識の「我慢」を知り、見直すチャンスにできるんです。

012

マイナス感情に
向き合う時間を持ちましょう。
イライラの爆発《ばくはつ》を防いで、
あなた自身を守ります。

日々忙しくしている方も、時にはボーッとして心を休める時間をとりましょう。これは皆さんが思っている以上に、大切な心の栄養補給タイムになります。毎日忙しくしていることが良いように思っていても、気づかないうちに、イライラを溜《た》めていることがあるからです。

イライラは気にしないようにしていても、いつのまにかマグマのように自分の中に溜まっていきがちです。そしてある時、ふとしたきっかけで、バンと噴き出してしまう。溜まっていたものが多いほど、とめどなく出てしまって収拾がつかなくなり、本人もつらくなってしまうんですね。

自分が爆発してしまった時「あの人が悪いから」とか「○○があったから」などと、あれこれ考える人もいるでしょう。でも実は、もともとイライラが溜まっていたから、それがきっかけになったに過ぎないことも多いんです。

エネルギーという観点では、モンモンと滞《とどこお》っている状態よりも、噴き出て循環するほうがまだ良いともいえます。ただ、そのせいで周囲の人との関係が悪くなるなら、決してプラスの循環にはなりません。忙しい時ほど自分の心と体をこまめにケアしておくこと。ほんの少しでいいので、自分をいたわる時間を意識的に持てるといいですよ。

013

楽しいこと。
幸せなこと。
好きなこと。
積み重ねていくと、
マイナスを「プラス変換」していけます。

自分がイライラしたり、不安になったりした時に、自分のことを振り返ってみても、時にはっきりと理由がわからないこともあるでしょう。

そんな時は、自分が楽しいこと、幸せなこと、好きなことをしてみてください。コーヒーを飲む。読みたかった本を読む。音楽を聴く。お気に入りの服を着るなど、どんなに小さなことでもいいんです。

「好きなこと」を実行していくと、ネガティブな記憶よりも、楽しかった記憶のほうが自分の中に残りやすくなります。小さな「プラス」をいっぱい重ねていくことで「マイナス」が相殺《そうさい》されていくのです。

そのように過ごしていると、ふと自分自身を振り返った時に、「あ、〝案外〟私は楽しく過ごせているな。幸せかも」と思えてきます。この「案外」というのがポイントで、あまり完璧な楽しさや幸せを、自分に課さないほうがいいんです。

自分で自分のご機嫌をとれる人は「生き上手さん」。人生の達人とは、特別な人格者ではなくて、自分が楽しめることを知っていて、日々ちょっとずつ実行しているような、小さな習慣が身についている人だとも言えます。

014

「心のプラス変換」で、
誰でも変わっていけます。
パソコンやスマホを
いつのまにか使いこなしているように、
気づいたら当たり前にできるようになります。

怒りや不安、イライラなど、自分の中のネガティブな感情を見つめる。この作業を通じて、自分の隠れた思いに気づけます。

また何かマイナスの出来事があっても、日々小さな楽しみを重ねていくことで、心の「マイナス」を少しずつプラス変換していけます。

このように日々を過ごしていると、やがて、自分が自分らしくいられるようになって、その方のオーラが輝《かがや》き出します。こうなると、これまでとは明らかに違う、人生の流れが始まるでしょう。

「心のプラス変換」は「生きるスキル」の一つとも言えるのですが、最初は抵抗があったり、うまくいかなかったりすることもあるかもしれません。でもだまされたと思って、ぜひ挑戦してみてほしいんです。

「心をプラスに変換していくんだ。そのように生きるんだ！」

と、自分に言い聞かせるだけでもいいので、まずはやってみてください。

回数をこなしているうちに、だんだん慣れてきて「あれ？　私、やれているかも」と思う時がきっと来ます。今、いつのまにか、みんながパソコンやスマホを当たり前に使いこなしているように、「心のプラス変換」は、誰もができるようになるんです。

015

「大丈夫」と自分に言い聞かせると
大丈夫になっていけます。

心配性で不安が強く悩んでいる人や、自分に自信が持てないと感じている人は、「私は大丈夫！」

と声に出して、自分に言い聞かせるようにしてみてください。マスクをしている時など、自分だけに聞こえる声でボソボソつぶやいてもいいんです。

たとえ内心「大丈夫」とは思えなくても、自分の発した声を「脳」が聞いています。何回も言い聞かせていると、不思議と本当に「大丈夫」と思えるようになっていく。脳とはそういう仕組みになっているんです。

また言い聞かせるだけでなく、その言葉をスマホの待ち受け画面に設定したり、いつも使っている手帳に書き込んでおいたり、トイレに張り紙をしておいたりする方法もオススメです。事あるごとに目に焼き付けて、同じく脳に刷り込む作戦です。

「そんな簡単なことでいいの？」と拍子抜けする人もいるかもしれませんが、悩んでいる時、何から手をつけていいかわからない人は、ぜひお試しください。

どんな小さなことでも、自分から現実的に行動を起こしていくことが一番、大事なこと。実践こそがきっかけになって、あなたを取り巻く現実を変えていきます。この効果を、多くの方に知っていただけたらうれしいです。

016

人付き合いが苦手な人は、
色のパワーを借りましょう。

カウンセリングの場で「私は人付き合いが苦手で……」とお話しくださる方は、暗い色の服を着ているケースがほとんどです。そんな方に私がお話しするのは、できれば明るい色や柔らかい色の服をチョイスすること。

でも案外これが難しくて、こういう方に限って明るい色に抵抗があり、「自分には似合わない」などとおっしゃいます。そのような場合は「ハンカチや財布、スマホケースとか、まずは小物からでもいいので、色のチョイスを変えてみてください」と、重ねてお伝えします。

ご存じの方も多いと思いますが、赤は情熱、青は知性や落ち着き、緑は平和や調和、黄色は無邪気さや元気など、色にはそれぞれエネルギーの特性や意味があり、私たちの潜在意識に働きかけてくれます。足りない部分や滞っている部分を色のパワーで補充することで、バランスがとれていくのです。

顕在《けんざい》意識はそう簡単に変えられるものではありません。というよりも「ゆっくりと時間をかけて変えていくべきもの」。色のパワーを、持ち物や洋服から取り入れる方法は、その意味で効果的です。

優しくて、かつパワフルな「色」の持つ力を味方につけましょう。

017

マイナス感情は打ち消さずに
いったん受け止めておく。
「知り合い」になっておけば、
あとで出合っても
あまり動じなくなります。

怒りや不安、嫉妬などのマイナス感情が湧き上がってきた時。「こんなふうに思ってはいけない！」と、無意識に「なかったこと」にしたり、自分に言い聞かせて抑え込もうとしたりする方は多いです。

私たちは「感情的になってはダメ」と、親や学校などから、しつけられてきました。実際にマイナス感情を撒《ま》き散らしていたら、人間関係のトラブルも大きくなってしまうので、とても大切な教えの一つだと言えるでしょう。けれども一方で、感情とは全て自然な心の動きなのに、この教育が呪縛《じゅばく》となって、自制が働きすぎてしまうんです。縛りをゆるめて、ありのままの心をキャッチできるようになるためにも、マイナス感情にフタをしないで、いったん自分の中で受け止めてみてほしいんです。

例えば怒りを感じた時。ある程度落ち着いた時に「なんで私はこういうふうに怒っちゃったのかな？」と原因を考えてみる。すると「〇〇だから怒りを感じるんだ。私はどうも〇〇が怒りのポイントなんだな」などと、自分を知ることができます。

まず、マイナス感情と「知り合い」になっておくイメージです。すると、次に同じ感情が湧いた時に、「あ、この怒りは、きっとあの時のあれだね」などと察することができるようになり、動じることもなくなっていきます。

018

不安はほぼ「取り越し苦労」。
行動を起こすための
エネルギーに変換できます。

あなたが今、不安に思っていることはなんですか？

人間関係のこと、仕事のこと、健康のこと……。いろいろな不安があると思いますが、よく考えてみると、その全てが現在ではなくて、未来に関するものではないでしょうか。

「不安」とは、結局、まだ現実になっていないことに対する感情なんです。人はもう起きてしまった出来事や事柄に対して、不安は感じません。ということは、不安とは、ほぼ取り越し苦労だと言ってもいいわけです。

ただそう聞いても、ザワザワと不安の感情に苛《さいな》まれて、身動きが取れなくなることもあります。そんな時は、感情をいったん自分の中で受け止めて、どんなことが不安なのか、その理由を具体的に掘り下げてみるといいですよ。

例えば、少し体調が悪い時に、強い不安を感じて「私はそもそも健康に自信がないから、こんなに不安なんだ」と、元の理由に思い当たるとします。

理由がわかれば、行動を起こしやすくなります。この場合は、食生活や睡眠の改善策などを考えて実行していくことができるかもしれません。「不安」とは未来に関連して起こる感情なので、望む未来に向けた、行動のエネルギーに変換していけるんです。

019

相手が「あなたをどう思うか」と
あなたが「相手をどう思うか」は別です。
自分が感じていることを、
もっと尊重してください。

自分が人からどう思われているか、人が自分のことをなんと言っているかがいつも気になって、その不安から逃れられないという人がいます。

「私はみんなから嫌われているかもしれない」

と、自分で自分に強く思い込んでしまっている場合などです。このような人の心を紐解《ひもと》くと、「人から悪口を言われてつらい思いをした」など、子どものころの体験や、深く傷つけられた過去生に行き当たることがあります。

でも、そのようなトラウマがあったとしても、今この方が向き合うべきは、「過去」ではありません。掘り下げるべき「課題」は、他の人の評価や言葉を気にすることが、どれだけ無駄なことかに気づくこと、なんです。

相手が自分のことを嫌いだと思っても、自分が相手のことを嫌いだと思うのかといったら、それはまた別の感情です。「他でもない、自分自身がどう感じているのか」ということが何より大事。他人の評価で、自分の価値が決まるわけではないんです。

どうしたら自分で自分を大切にして、真に尊重できるのか、この発見を人生の課題に設定して生まれた人は多いです。

020

あなたの幸せと、他の人の幸せは違います。
人と違うことを決して恐れないで。

「あの人、ちょっとヘンだよね」

と他の人から言われてしまうのを、何よりも恐れている人がいます。

私が思うに、このような「恐れ」は、ママ友仲間や仲の良い友人グループ、ご近所さんなど、比較的狭いコミュニティーの中で、より出現しやすいような気がします。周囲と違うと、そのコミュニティーから浮いて「村八分」になってしまうかも……と、不安を感じるのでしょう。こうした類《たぐい》の不安は本能的な面もあり、ある程度は仕方がないです。私にも子どものころ、他の人に見えないものが見えることで、多少なりとも恐れを感じていた時期がありました。

気をつけたいのは、不安の感情が強すぎて、「周りと同じにしていなくてはいけない」と、強迫観念のようになってしまっている場合です。他の人の幸せと、自分の幸せは違います。一見似ているようでも、他の人が持っている物差しで、自分の幸せは決して測れないんです。自分や自分の家族が「幸せ」に感じることは、自分自身や自分たちにしかわかりません。

たとえ他の人からヘンと言われても、自分が幸せを感じて満たされているのならば、それでいいんです。心を強くして、あなたの中の「恐れ」を乗り越えていきましょう。

021

幸せはシンプルです。
考えすぎてしまう時は、
小さな楽しみに目を向けてください。

今、あなたは幸せですか？

こう問われて、迷いなく、

「はい、幸せです！」

と言い切れるのでしたら、それはとてもステキなこと。どうか、その気持ちを大切にして、そんな自分をうんと褒《ほ》めてあげてくださいね。

ほとんどの人が言い切れるものではないと思いますが、せめて、

「幸せになるために頑張っています！」

と言える人が増えるといいなって思います。

ただ頑張ろうとすると「幸せとは何だろう？」「どうしたら幸せになれるのか？」などと頭で考え始めてしまって、グルグル思考の迷路にはまってしまうことがあるかも……。もし迷子になってしまった時は、日々の小さな楽しみに目を向けてください。

例えば、友人とおしゃべりする、空を眺める、お気に入りのドラマを観《み》る、お風呂にゆっくり入るなど、どんなことでもいいんです。

幸せって、シンプルです。

お金をかけなくても、誰かを頼らなくても、あなたの目の前にありますよ。

022

自分の本心をわかっていない人が増えています。
本心を知るステップなくして、
「魂の望み」にはたどり着けません。

最近、「魂の望むままに生きる」という言葉をよく耳にするようになりました。それ自体はまさにその通りで、私も心から共感するところです。

でもちょっと気がかりなのは、「本当に自分が望んでいること」をキャッチするのが苦手な人が増えていること。日本の学校教育の影響もあって、私たちは、周囲と足並みをそろえることを是《ぜ》としてきました。でもその結果、本心を抑えざるを得ず、幼いころは「いい・悪い」「好き・嫌い」と素直に言えていたことが、次第に言えなくなってしまう傾向が強いです。いつのまにか「本当の自分の気持ち」にフタをして、すっかり忘れてしまった大人が増えているんです。いえ、増えているというより、ほとんどの「常識ある」大人たちがそうかもしれませんね。

自分の本心がわかっている方は「魂の望み」もキャッチしやすく、望む方向に進んでいけます。そうでない方は、「魂の望むままに生きる」と聞いたところで進んでいけません。変わることができないので、どんなに自己啓発本を読んでも結局良くならないで、さまざまなメソッドを渡り歩いてしまうこともあります。

今一度、自分の本心をキャッチするとはどういう感覚か、自分自身を見つめて思い出したり、キャッチする訓練をし直したりする必要があります。

023

現代人は、「我慢」が薄紙のように
何重にも本心を覆《おお》いつくしています。
まず自分に強いている、
小さな我慢から気づきましょう。

あなたが、あるレストランに友達3人で入ったとします。今日のオススメは、Aランチ、Bランチ、Cランチの3種類がありました。さて真っ先に、あなたは「自分が食べたいもの」を即答できるでしょうか？

Aランチが食べたいなと思っても、少しの間残り2人の出方を待ったり、2人がBランチを頼んだら、「お店の人もラクだし早いかな」などと考えたりして、自分もBランチを選んでしまう……。

このこと自体はとても些細《ささい》な話です。「この程度は我慢するうちに入らない。むしろ大人として、いい配慮をした」などと思うかもしれません。

でも、あなたは本心ではAランチが食べたかったのに、我慢しました。

実は、このような、取るに足らない「小さな我慢」を積み重ねて生きていくと、やがて誰かと一緒にいる時に、自分が食べたいものを食べたいとハッキリ言えなくなってくる。やがて自分の本心がわからなくなる傾向が強まっていきます。

他の人と一緒にいる時に、食べたいものを食べたいと言えるか。行きたいところに行きたいと言えるか。やりたいことをやりたいと言えるか。一枚一枚はたいしたことのない「薄紙」のような膜が、何重にも本心を覆っているのが、現代人の姿です。

024

本心を覆う
薄紙を剝《は》ぎ捨てていくと
その人が持つ本来の
エネルギーとオーラが輝き始めます。

現代人は、自分の本心を我慢の薄紙で覆いつくして生きています。ちょっとしたことも我慢するのが当たり前になっていて、自分が本当は何を望んでいるのか、すっかりわからなくなってしまっている。我慢していることにも気づけないことが多いです。では、こうした話を聞いて、「私、今まで我慢してきたかもしれない……」と気づけたら、どうすればいいでしょうか。

まずは小さな行動から小さなチェンジを始めてください。日常生活のちょっとした場面で、ちょっとした「本音」を言えるようになればいいんです。前項のたとえ話でいくと、友達のことは気にせず、自分が食べたいAランチを堂々とオーダーすればいいんです。

一見特別な行動に思えないかもしれませんが、「本音をキャッチする」→「言葉でアウトプットする」という大事なステップを実践することになります。こうして小さな実践を何回も重ねていくと、それこそ「薄紙を剝ぐように」本心が現れ始めます。ペリッと一気に、薄紙を剝がすことはできないんです。

自分の本心が現れ始めた方は、本来のエネルギーやオーラが輝き始めます。自分が自分らしく、魂の望むままに生きていける人生が始まります。

025

心の変化は、いつでも少しずつ。
苦しくて、大きな変化や奇跡を
望んでしまう時は要注意です。

「いくら自己啓発の本を読んでも、セッションやセミナーを受けても、私の人生、ちっとも変わらない……」

「本当に私はこのままでいいのかな。もっとステキな自分になれるのでは……」

こんなふうに悩む時は、「変わりたい」と願うあまりに、人生の大きな変化や劇的なリセットを望んでいませんか？

人が良い変化、つまり本来の自分らしさを取り戻して、自分らしく生きるためには、小さな変化をたくさん重ねるのが大原則です。一回きりの「大きな変化」や奇跡を望むのを、いったんやめてほしいんです。

心の変化はいつでも少しずつ、ゆっくりと時間をかけてしか起こりません。

このようにお話しすると、ガッカリしてしまう人も中にはいらっしゃいます。でも一気に変わろうとすると、焦りが生まれて、うまくいくものもいかなくなってしまうんです。

さらに言うなら、結果を急ぐあまりに、あまり良くない出会いを引き寄せてしまうことにもなりかねません。もしも「すぐ変われる」「○○さえすれば結果が出る」などと話す人がいたら、十分に気をつけてくださいね。

026

小さな行動を起こす。
本心が感じていることをキャッチする。
このセットこそが
本当の自分にたどり着く確実な方法です。

食べたかったものを食べてみる。行きたかったところに行ってみる。やりたいと思っていたことをやってみる。

自分のやりたいことを、小さなことでいいので、一つでも実行してみてください。そして、行動に移した時に、自分の中にどんな感情が生まれて、どんな感じがするか、心の声に耳を傾けてみましょう。

最初はうまくいかなくてもいいし、やってみた結果「食べてみたけど、あまりおいしくなかった」とか「行ってみたけれど、あまり面白くなかった」でもいいんです。

心の声に耳を傾けているうちに、だんだんと、「あ、そういえば私は子どものころからこういう場所が好きだったな」とか「昔はこれをいっぱい食べたいって思っていたな」と、いろいろと思い出す作業が始まるでしょう。もしこの思い出し作業が自然に起こらなかったら、意識してやってみてもいいです。

行動を起こして、心の変化を感じてみる。このセットを実践することで、ふと気づいたら、どんどん自分の本心にたどり着くことができるようになっているんです。本心は、自分が本当に望むものを知っていますし、心の底からの「喜び」をもたらしてくれます。

人が「生きる」とは、本来の自分を探し当てていく過程でもあるんです。

027

心のカタチは
親との関係でほぼ決まります。
親子関係でトラウマがない人は
いないと言っていいんです。
でも、それに気づければ
自分で次に進んでいけます。

どんな親子関係だったとしても、誰もがその影響を受けています。

子どもにとって、親とは最初に現れる世界の入り口。その親から伝えられる有形無形のメッセージはダイレクトに伝わり、お父さんお母さんが意図している以上に、子どもは「世界とはこういうもの」と、深く刻んでしまいます。

この意味で、虐待《ぎゃくたい》があったとか特別に厳しかったわけでなく、ごく普通の愛情あふれる親御さんだったとしても、親との関係にトラウマのない人は、まずいないんです。

例えば「メソメソ泣いてはダメ」と何度も叱《しか》られたら、子どもは「泣くのは悪いこと。よく泣いてしまう私は悪い子」と認識します。仕事の電話中に話しかけて厳しく注意されれば「自分の存在よりも大事なものがある」と解釈します。大人のしつけや教育は、子どもの心にとっては我慢や自制、自己否定のメッセージになりがち。親子関係には、程度の差はあれ、そういう宿命があるのだと理解してください。

今、つい頑張りすぎてしまう人。「どうせ私は人に理解してもらえない」と思ってしまう人。嫌なことを嫌と言えない人……。もしかしたら、遠い昔、必要以上に刻んだメッセージが、トラウマとして残っているからかもしれません。そこに気づければ、メッセージを捉え直して、前進のきっかけにすることができます。

028

親と子の組み合わせには
魂の学びのための深い意図があります。
自分らしく生きるヒントが、
幾重《いくえ》にも秘められています。
焦らず紐解いていきましょう。

今生で親子となった人とは、とても深い御縁でつながっています。

魂の観点から言うと、前世で乗り越えられなかった課題に気づき、もう一度取り組むため、同じステージが親子関係に設定されることが多いです。

例えば、前世で我慢しすぎて自分をなかなか表現できずに亡くなった人がいるとします。すると今生も同じように、一回は我慢のつらさを知る生活を送ります。具体的には、お父さん、お母さんとの関係で自制しなくてはいけない場面が多かったり、「嫌なことがあっても笑顔でいなさい」「忍耐が大切」などとしつけられたりします。

このような人は、大人になるにつれて、仕事でも恋愛でも、我慢と、自分を表現することのバランスがテーマとして浮上していくでしょう。

親からもらった言葉のままに生きていくのか、それとも乗り越えて、自分らしく生きるのか。今生の大きな課題の一つとなるのです。

親子関係に起こることには、自分らしく生きるヒントが、幾重にも秘められています。肉体ある身では、ネガティブに感じる出来事も多いかもしれません。でも、あなたに「魂の課題に気づき、クリアしてほしい」と――の深い愛に根ざして、その関係は設定されたのです。ゆっくり紐解いていけば必ず、幸せに向かっていけます。

029

人からよく言われること。
繰り返し聞いた同じ言葉。
もっと注意深く受け取ってください。
この世はヒントに満ちています。

毎日の生活の中で、人からよく言われる言葉はありませんか。

「頑張りすぎてない？」

「お疲れでは？」

「大丈夫？　楽しんでいますか？」

などなどです。

そのたびに「いえいえ。大丈夫ですよー」「そんなことありません」などと、あなたは受け流しているかもしれません。でもたびたび繰り返されるならば、「もしかしたら、私、本当にそうなのかな？　頑張りすぎているのかも？」と、一度はその言葉を受け止めてみてください。例えば仕事をバリバリやって、自分では満足しているつもりでも、本当は疲れているとか、もっと別のことをやりたいと思っているかもしれません。自分を振り返るきっかけにしてみてほしいんです。

多くの人に言われている言葉には、意味があります。私が知る限り、守護霊さまがわざと周囲に言わせて、本人に気づかせたがっていることも多いからです。

耳にする言葉、目に留まる言葉に、もっと注意を払ってみましょう。この世はヒントに満ちていて、見えない存在が、あなたに気づいてもらえるのを待っています。

030

嫌な相手、キライな相手、
つらい思いをする相手も
今生、魂の成長のために現れた人。
我慢するのではなく、
「意味」を読み解きましょう。

周りにいる人たちが楽しくて、一緒にいてラクな人たちばかりならいいのですが、現実はなかなかそうもいかないですね。好きになれない人や考え方が合わない人もいますし、あなたを傷つけるような、ヒドい人にも出会うかもしれません。

でも全ての出会いは、あなたの魂が成長するために、あなたの前に現れたことは間違いありません。

ただし、少し気をつけたいのは、「この出会いは試練だから、乗り越えよう」などと考えて、その人との関係を「我慢」で乗り越えようとしてしまうこと。これでは本当の意味で、あなたは幸せになれないし、魂の成長には向かっていきません。

「自分自身がより良く幸せに暮らすためには、その人とどう向き合っていくのがいいか？」という観点で、その出会いを考えてみてください。

その人との関係の中で、「言いたいことを言えていない」とか、「嫌なことを無理してやっている」など、自分の中に乗り越えたい「課題」はないでしょうか。

相手は合わせ鏡のように、あなたの課題を見せてくれているのです。

ネガティブな出会いも意味を読み解き、自分なりの解決方法を模索することで成長の糧《かて》にしていけます。

031

人を憎んでもいい。
嫌ってもいい。
自分が自分らしく生きるために、
魂の学びはそこから始まります。

この世での出会いの全ては必然ですが、全ての人を愛せなくても、決して自分を責めないでください。クライアントさんの中には「自分の親なのに憎んでしまう」「大切な仲間なのにどうしても好きになれない」と言って、苦しんでいる方も少なからずいらっしゃいます。

まずは憎んでしまう、その心を自分で「よし」として、認めてあげてほしいんです。親子、大切な仲間とて別々の人間です。また、そもそも人の心とは、明るい面も暗い面も持ち合わせているもの。心の暗い面だけを見て、自分自身の全体を否定しないでほしいんです。

「憎しみ」は突然、憎しみとして生まれません。その奥には必ず理由があって、「傷つけられてつらかった」「悲しかった」という気持ちがあるんです。つまり相手のことを愛したい、愛されたいからこそ、それが傷つけられて、憎しみが生まれていく。だから憎しみを感じたら、それをいったん受け止めて、その根底にあるつらかった自分、悲しかった自分を見い出して、なぐさめてあげてください。

どうか「全ての人を愛す」理想の自分像に縛られないでください。憎しみの感情こそが教えてくれる、柔らかで繊細な本心を探し当てましょう。

032

苦しい時、人に助けを求めてください。
助けてくれる人は必ず現れます。

悩んで苦しくて、暗闇をさまようような気持ちでいる時こそ、他の人に助けを求めてください。

もちろん、自分が期待したり、思うようには助けてくれなかったりすることもあるでしょう。それでも、助けてくれる人は絶妙なタイミングで現れる、と信じてほしいし、またそれを体験してほしいんです。

心が頑《かたく》なになっている時は、たとえ優しい言葉をかけてもらっても、素直に受け止められないで、耳が痛いこともあると思います。そんな時は「今は私は受け止められない。でも心には置いておこう」と一瞬でも思えれば、それで十分です。

助けてくれる味方がいる。その事実だけで、人はどれほど励まされるか……。それだけで人は前を向いていけるものなのです。

ちなみに、守護霊さまやご神仏も、私たちのことを常に見守ってくださっている存在です。ギリギリのところでご加護の手を差し伸べてくださることもあるのですが、私たちの行動は、基本的には本人の自由意志に任されています。

現実の世界で、人を助けるのは人。この世に生きる私たちは、お互いがどうしたら助け合えるのかもまた、上の世界の方々に問われているのです。

033

トラウマを乗り越えるとは、
傷ついたという事実を、
心の中で受け入れること。
現実的に、相手と和解しなくてもいいんです。

誰もが、愛のエネルギーに満ちた、柔らかな「心」を持っています。でも、大人になっていく過程で、ほとんどの人がその心に、大なり小なりの傷を負っていきます。無数の心の傷がトラウマとなって、あなたの行動に今、マイナスの影響を与えるのならば、自分でそれに気づき、手当てをしていく必要があります。例えば、自分は愛されないという思い込み。心に秘めた弱さ、寂しさ……。

魂が成長していくために、克服したほうがいいトラウマがある場合、その予兆と言うべき出来事がその人の周りに起きてきます。人に何回も同じ言葉を言われたり、同じ現象が何度も起こったり、などです。

これらをヒントにして、ゆっくり記憶をたどれば、原因となった出来事や相手、過去の場面などが浮上してくることがあるでしょう。魂が成長していくためには、自分の中で、その影響に気づければいいんです。何に傷ついたのか、その裏にどんな思いがあったのか、隠れた本心にたどり着ければ、それで十分です。

トラウマを乗り越えようとする時に、現実的に相手に謝ってもらうとか、和解するなどの必要はありません。ましてや相手を許したり、愛したりすることを自分の心に強要しないで大丈夫です。愛や許しは時が経《た》てば、自然に訪れますから。

034

行き詰まったら
子どものころを思い出してみて。

やりたいことが見つからない。どんな仕事が自分に合っているのかわからない。そのように悩む方は、ぜひ、子どものころを思い出してください。保育園・幼稚園の年中、年長さんくらいまで、長くても小学3年生くらいまでは、本来の自由な、本当の自分のままで生きていた方が多いんです。

そのころ、あなたはどんなことに夢中になりましたか？　どんな遊びをしていましたか？　どんなお子さんでしたか？　時間をとって、思い出してみてくださいね。

霊視カウンセリングの場で、クライアントの方に、このお話をすると、「小さい時の記憶、あんまりないんですよね」とおっしゃる方も決して少なくありません。この時点で自分にフタをしてしまっているんです。そういう方でも、ゆっくり時間をかけて思い出してもらうと、絶対に何かヒントとなるエピソードが出てきます。

例えば、一見おとなしそうな方でも、「本当は外で体を動かして遊ぶのが好きだった」などと話し始めたりする。「では、自然の中に出かけるとか、スポーツを始めてみたらいいのでは？」と私が伝えると、本人は最初、戸惑《とまど》ってしまうんですね。でもそこで、奮起して実際に始めてみると、みるみる元気になって、発するエネルギー自体がガラッと変わってしまうことも出てきます。

❖

035

人のエネルギーには、
いろいろな〝ありよう〟があります。
たとえ親子でもエネルギーは違い、
誰もが違っていいんです。

霊視カウンセリングをしていると、人のエネルギーの〝ありよう〟とは十人十色だなとつくづく感じます。

例えば今、霊視カウンセリングでは「子どもが学校に行かない」と、不登校の悩みを話される方も多いです。そのようなクライアントさんの場合、私はお子さんの写真を見せていただいて、その子が持つエネルギーを見ます。すると、子どもによって、本来のエネルギーが強いために一般的な学校教育の枠に合わないこともあるし、とても繊細なため大人数の中では萎縮《いしゅく》してしまうことがあるなど、本当にさまざまです。

また親子であっても、エネルギーのタイプが違うことは多いです。ですが、親御さんが「自分はこうだったから、この子もこうあるべきだ」などと自覚なく考えてしまい、結局それが、お子さんの成長の弊害となってしまう。その結果、親御さん自身が苦しくなってしまうんですね。

人は、それぞれエネルギーのありようが違います。お互いに違う人間であり、さらに言うなら「人と違っていいんだ」ということを、私たちは、もっとしっかり認識したほうがいいんです。それだけで、相手にも、そして自分自身にも許しの幅が広がるでしょう。

036

「本来の自分」で生きられている人は
自然に感謝の気持ちが溢《あふ》れています。

今すでに、「本来の自分」がちゃんとわかっていて、自分らしく人生を生きているという方も、実際にいらっしゃいます。そういう方に接していると感じるのは、いつも自然な感謝の気持ちで溢れていること。自分がやりたいことをわかっているので、そこに協力してくれる人がいると、それを深い喜びに感じるからでしょう。

自分らしく生きるとは、「感謝」のエネルギーが自然に湧いて、それが大きく循環していく生き方だ、とも言えます。

感謝の気持ちを持つことは、とても尊いものです。でも、だからと言って、無理に感謝の気持ちを持とうとしなくてもいいんです。少し視点を変えるだけで、決して当たり前でないもの、「ありがたいもの」は溢れていますよ。

例えば、現代は当たり前のように、オンラインやテレビ電話で、人と話をすることができます。遠い場所に住んでいる人や海外の方とも気軽に会えて、江戸時代の人が見たら、まるでSFや魔法のようにも見える世界に、私たちは今生きているんです。とてもありがたいことですよね。

私たちの周囲には、いくらでも感謝のもとが溢れています。時にはこのような発想で、視点を変えてみるのもオススメです。

037

周囲に感謝の気持ちを持てないからといって
焦らないでください。
心の成長には順番があります。
まずは自分を満たしていきましょう。

私は今、日々「ありがたいな」「幸せだな」と、自然に思いながら過ごすことができています。でも実は、霊視カウンセラーになる少し前、大変だと思うことが続いて、つらい時期がありました。そのころは「私はただ幸せになりたいだけなのに……。なんで、うまくいかないのだろう」と毎日考えていて、物事に対する感謝の気持ちなんて、全く湧いてきませんでした。今思うと、その時進んでいる道が合っていなかったのだと、わかります。

人は、自分が本当に進むべき道や、出会うべき人たちに出会うと、自然と感謝の気持ちが生まれるようになります。

感謝の気持ちは、その人が持つエネルギーの波動を上げてくれます。でも、今それがないのだとしても、自分は波動が低いのか、自分はダメなのかなどとは思わないでください。まだそこに至っていないだけだと言えるからです。

「感謝の気持ちを持たなくては」と思いすぎるよりも、おいしいものを食べて、会いたい人に会って、楽しいことをして遊んで、というふうに、「自分が満たされること」を優先してください。心が満たされ切ると、自然に感謝の気持ちは溢れてきます。

心の成長には、順番があるんです。まず自分の心を満たしていきましょう。

038

マイナスに思える出来事にも
意味があります。
その意味を汲《く》み取ることで、
マイナスがマイナスでなくなっていきます。

働きすぎで、すでに心も体も悲鳴をあげているのに、つい頑張りすぎてしまう人がいます。不調を無視して無理に働き続け、やがて重い病気にかかってしまう……。こういう方は実際に重い病気にならないと、自分にストップをかけられないのです。

病気になること自体は一見マイナスの出来事です。本人としても避けたかった事態でしょう。でもそれをきっかけに、自分の生き方のクセに気づいて、健康のありがたみや自分や周囲の人をいたわることを学べたら、病気という出来事はマイナスばかりではありません。この経験から、本来の魂の望みに沿った生き方に進んでいけます。

苦しいことや悪いことが起きても、その中には必ず意味があります。なぜなら、私たちは今生で、魂の課題を自力で見い出し、気づき、クリアしなくてはならないから。一見マイナスの出来事が起きるのは、そうでないと、私たちはなかなか魂の課題に向き合えないからです。

でも、どうか恐れないでください。ストップがかかる前の段階で気づき、行動を起こせれば、大難は小難に変えられるんです。今こそ自分の魂の望みに耳を傾け、それを見い出す生き方をするのだと、決意してください。

039

その人との関係は、
あなたが「本当に幸せになれる道」に
続いていますか？
その答えは、
他の誰でもなく、
あなたの「魂」しか知りません。

恋愛のご相談では、お相手の方が本当に運命の人かどうか、とても気にされるクライアントの方もいらっしゃいます。

その答えは、その方の中にしかありません。お互い信頼できて、高め合っていける関係かどうか、どうぞ自分の心に正直になって、感じてみてほしいです。

その人との関係は、あなた自身が本当に幸せになれる道に続いているでしょうか？

1年後、10年後、30年後、この先もずっといい関係でいられそうだとイメージが湧きますか？

このように問われて、もし迷いや不安、時には罪悪感があるのならば、どんなに相手のことが好きでも、残念ながら、あなた自身が幸せになれる道を進んでいるとは言えないんです。

逆に、「この人とは高め合っていける！」と心から確信できて、即答できるならば、その出会いこそ喜ばしい御縁。どうぞ、その出会いを誇《ほこ》りに思い、大切に育んでほしいと思います。

ポイントは、相手ではなく、あなた自身が、自分の中で本当に感じていることをちゃんとキャッチして、尊重できるかどうか、です。

040

恋愛や婚活で今ひとつ出会いに恵まれないのは
自己評価が低いからかもしれません。
まず、
自分で自分を「A評価」と認めてください。

恋愛や婚活で、「今ひとつ良い出会いがない」「お付き合いや結婚まで結びつかない」と悩む方には、いろいろなパターンがあります。ご先祖の因縁があって、どうしても縁遠いとか、そもそも本人の中に恋愛や結婚に関する魂の課題がない、つまり今生で必要がないという方などです。

でも私が霊視カウンセリングをする限り、最も多いのは、

「自分はこんなのだから……」

と、ご本人の中で自己評価が無意識に低いというパターンです。

「もっとステキな自分にならないとダメ」「こんな自分ではダメ」「もっと尽くさないとダメ」などと、心のどこかで自分の評価を低くしてしまっているんです。

後ろにいらっしゃる守護霊さまやご先祖さまは、あなたをA評価だと思い、A評価の方との御縁を結ぼうとなさいます。でも当の本人は自分のことをC評価だと思っているので、C評価の方ばかり見てしまう。これでは、いつまで経っても思うような良縁は巡ってこないでしょう。

まずは自分で、ありのままの自分をしっかりと受け止め、褒めて、他でもない自分自身で「A評価」だと認めるところから始めてみてください。

041

運命の赤い糸は一本ではありません。
たくさんある中から、
自分の意思で選び、たぐり寄せるもの。
モテる人は「選び放題」です。

運命の相手を一人だと思っている人は多いですが、赤い糸はいっぱいあります。それは、そのたくさんの中から本人がたぐり寄せるもの、引き寄せていくものです。

いわゆるモテる人というのは、運命の赤い糸が目の前に並んでいて「選び放題」の状態なんです。では、どうしたら「モテる人」になれるでしょうか。

周囲に「男性にモテモテの女性」はいませんか。そういう方を毛嫌いしてしまう方（特に同性の場合）もいますが、実はこのタイプは、モテるために、女性としての見せ方を正しく努力している人でもあるんです。その姿勢を大いに参考にしましょう。

ポイントは暗い色の服は避けて、なるべく明るい色や柔らかい印象のファッションを取り入れること。また、自分のことをもっとよく知って、自分のいいところを認め、自分を褒めていくこと。黒白よりもパステルカラー、直線よりも曲線、自律・厳しさよりも、許しと優しさを意識することで、自分が放出するエネルギーを「ふんわり」させていく。男性は「ふんわり」に本能的に惹かれるんです。

「この人なら！」という良縁は、守護霊さまやご先祖さまが、より確実に結ばれるように手助けしてくださいます。ただし、その前に、本人が努力をしていくことが大前提。努力の方向性を間違えずに、良い出会いをたぐり寄せてください。

042

別れるか、別れないか。

離婚するか、しないか。

魂は
「自分らしく生きられるかどうか」

を見極めたいのです。

私の霊視カウンセリングでは「パートナーと別れるか別れないか？」というお悩みをお話しされる方も多いです。

もちろん、その答えは人によって違い、決して単純なものではありません。でも私が共通してお話しさせていただくのは、「どちらが、より自分らしく、幸せに生きられると思いますか？」ということです。

ただ、このようにお尋ねすると、今まさに「別れたい」と思っている方は、「今すぐ離婚しないと、絶対に自分らしく生きられません」などと答えることも多いです。

でも、離婚してもしなくても、別れても別れなくても、どちらでも「自分らしく生きる」ことはできます。自分の心を見つめて、行きたいところへ行き、食べたいものを食べ、やりたいことをやる生活を、しばらく意識して過ごしていく。すると、「離婚するかしないかは、大きな問題ではなかった」

と気づく方も多いです。その上で改めて選択すると、結果どちらを選んだとしても、人生の流れはより自由なほうへ進んでいきます。

離婚に限らず、人生の選択を迫られる時、「より自分らしく生きられる道」を意識して求めるようにしてください。

043

人を愛するのはステキなこと。でも、

「人を愛さなくてはいけない」

「恋愛経験がないとダメ」

などと思わないでください。

自分を大切にできることが、何よりも大事です。

「誰ともお付き合いをしたことがない」とか、「本当に人を好きになったことがないかもしれません」などと、恋愛経験が乏しいことや、パートナーがいないことを気に病んでいらっしゃる方は決して少なくありません。

でも私は、それで全く問題ないと思います。

「愛する」というエネルギーは、人によってレベルが全然違うもの。その人なりに、自分の家族を大事に思っているとか、周囲の人を大切にしているというのであれば、それで十分。「自分以外の誰かを大切に思う」ということだけで尊く、それこそが「愛」のエネルギーだからです。

今生で「生涯、恋愛をしない」と決めている方もいらっしゃいます。また本心では恋愛をしたくないのならば、それを貫いていいと思います。

どのような場合でも共通してお伝えしたいのは、自分のことは好きでいてあげてほしい、ということ。何よりも、あなた自身が、自分を大切にしてください。

魂の望みは、恋愛経験がどうのこうのというよりも、ありのままの自分を、ありのままで受け入れて、尊重できるかどうか、です。

それが愛の学びのスタートであり、またゴールでもあります。

044

過去に深い傷を負っている方へ。
心のグラスは、
二つの水で満たしましょう。
他の人から注がれる水と
自分で注ぐ水です。

どうにもならない宿命で、心に深い傷を負ってしまった方もいらっしゃいます。トラウマがあまりに深い時期は、良かれと思って、周囲が「こうしたほうがいいよ」などとアドバイスをしても、本人にはきれいごとや批判にしか聞こえないでしょう。さらに傷をつける刃のようになってしまう恐れがあります。

傷ついた方に、周囲の人たちができるのは、寄り添い続けること。まずは心全体を満たすように、黙ってそばにいてほしいんです。そして、少し落ち着いた時には、具体的に傷を治す方法を伝えるのではなく、その方に「褒める言葉」をいっぱい届けてあげてください。

人の心がグラスだとしたら、私は、二つの水で満たしていく必要があると思っています。

他の人から注がれる水と、自分で注ぐ水です。

心に傷を負ってしまった人には、まずは身近にいる人が味方となって、温かい言葉を届けること。自分が傷ついている場合は、味方になってくれる人に周りにいてもらうこと。そして同時に、本人が自分で気づいて、自分自身に温かい言葉を届けられるようになると、真に満たされ、癒やされていきます。

045

守護霊さまは
私たち全員に、それぞれついています。
いつでも見守ってくださっていますが、
思いを向けるようにすると、
さらに、
その力をキャッチできるようになります。

この世に生きる私たち全員に、守護霊さまがついています。たとえ本人に感じられなくても、守護霊さまがついていない人はいないんです。

私が霊視する限り、だいたい2人か3人が常に後ろにいらっしゃって、一人がメインで、残りの方がサブの立場でサポートしていらっしゃいます。一生を通じて、メインとサブが入れ替わることがあっても、守護霊さまが変わることはありません。

その人がこの世に生を受けてから、肉体を去るまで、この人生で取り組むと決めた魂の「課題」に順調に取り組めるように見守り、道から外れそうな時はさりげなく、陰《かげ》ながら手助けしてくださっています。

本人が霊的なことを信じられないからといって、そのご加護の力を弱めることはありません。守護霊さまの願いはただ一つ。本人がこの人生を生き抜き、魂を磨いて、幸せに向かって進んでいくこと。本人が気づこうと気づくまいと違いはないのです。

ただもし、この本を読んで、「自分にもついているんだ」と気づき、あなたが感謝の思いを向けられたら——。

そのぶん、もっとたくさんの力を受け取れるようになりますし、日常生活の中にちりばめられたメッセージにも気づくことが増えていくでしょう。

046

もっと、自分の幸せに貪欲になっていいんです。
守護霊さまも
ご先祖さまも
ご神仏も
あなたが幸せになるためならば
必ず力を貸してくださいます。

私たちにはそれぞれ、守護霊さまがついています。また、ご先祖さまがいないという方もいません。家系図が途絶えていたり、具体的な情報がなかったりしても、誰もが何十代にもわたってつないできた、命のリレーの先端にいます。

また同じように、神社やお寺に祀《まつ》られたご神仏、そして万物の自然に宿る方々もいらっしゃって、私たちの世界をずっと見守ってくださっています。

もちろん、こうした存在の力を一切信じないという方もいますし、今生、霊的なこととは無関係に生きることを選んだという方もいます。それはそれで意味があることなのだと私は感じています。

ただ、この本を読みながら、「もしかして……」と少しでも気になるのでしたら、その存在に思いを向けないのは、とてももったいないことかもしれません。

守護霊さまやご先祖さま、ご神仏は、私たちが幸せになること、良くなることだけしか考えていらっしゃらず、絶えずエネルギーを向けてくださっているからです。「私が幸せになるために使わせてください」という気持ちで、私たちはそのエネルギーを遠慮なく受け取っていいんです。もっと幸せに貪欲になっていきましょう。

047

ご先祖さまの因縁を負ってしまうことは
実際に起こること。
でも、逃げないで向き合えば、
少しずつ影響を薄くしていくことができます。

前項で、守護霊さま、ご先祖さま、ご神仏は、私たちが幸せになることを応援してくださっていると話しました。ただし、ご先祖さまに関しては、少し心に留めてほしいことがあります。

それはまだ成仏していなかったり、他の人の深い恨みを買ったご先祖さまがいたりすると、子孫である私たちにマイナスの作用として届くこともあるということです。

もちろん、ご先祖さまは大勢いらっしゃるので、こうした因縁は大なり小なり、誰もが負っています。ただ、中には家系の因縁が色濃く出る方もいて、実際に家族や親戚に良くないことが続いたり、成功しかけると邪魔が入ったりなどが起きてきます。

顔も知らないご先祖さまの影響で、自分の人生にマイナスの出来事が起きるのは納得がいかないかもしれません。でもいずれ、どこかの代で、誰かが引き受けて、刈り取らなければならないことなんです。

ご先祖さまの因縁は、お墓参りをして供養の気持ちを届ける、日々できることから徳を積む、また、御縁のあるご神仏にお参りしてお力をお借りすることで「薄紙を剝ぐように」少しずつ影響を薄めていけます。大金を払うとか、特別な儀式をするものではないし、一回で解消するものではないことを、くれぐれも知っておいてください。

048

人との巡り合わせは魂の学びの宝庫。
御縁は風や水のように、私たちを巡り続けます。

「袖振り合うも他生《たしょう》の縁」

道ですれ違っただけの人も偶然ではなく、全ては過去生での縁があったという意味の言葉ですが、私は真理だと感じています。

今日、街中ですれ違った人でも前世でお会いしているのですから、今あなたの周囲にいる、家族や友人、パートナー、仕事や趣味の仲間たちとは、とても深い御縁があるのは間違いありません。仕事先などで「初めまして」と挨拶し合った方でも、魂同士は「お久しぶりです。お元気でしたか」と言葉を交わしているのかも……と考えるだけで、ちょっとワクワクしませんか。

出会ったり、時には去ったり、御縁とは、自然界の風や水のように、私たちに巡っていくもの。なぜ御縁が巡るのかと言えば、そこにこそ、魂を磨き合うための課題があるからです。深い御縁のある人とは一時期遠くなってしまっても、必要があれば再び出会います。また、必要な人とは必要なタイミングで出会えているんです。

御縁のある人と関わってこそ、この上ない楽しさや喜びを感じることもあれば、つらい思い、苦しい思いをすることもあります。

御縁とは必然であり、魂の学びがいっぱい詰まった宝庫です。

049

苦手な相手は、
魂の課題を集中的に見せてくれる人。
課題がクリアされない限り、
遠ざけても必ず再会します。

ちょっと苦手だなとか好きになれないと感じる相手でも、御縁があるのは、あなたがクリアしなくてはならない魂の課題が、その人との関わりの中にあるからです。

逆に言うと課題があるから、苦手だとも言えるんです。向き合わずに逃げることもできますが、一時その方と離れたとしても、再び出会うことになるでしょう。もしくは本人でなくても、性格やタイプが似ている人が、必ず現れてしまうんです。

この話を聞いて、心当たりがあるのでしたら、その人との関係で苦手だと感じること、好きになれないことは何かを自問したりして、自分の中で掘り下げてみてください。頭の中でだけなら、思いっきり相手を批判したり、怒ったりしてみてもいいんです。気持ちが落ち着いたら、自分の中から出てきた言葉から、自分の本心を探り、分析してみてください。

もしかしたら「もっと私を認めてほしい」という相手への期待や、甘えたい本心があるのかもしれません。またひそかな嫉妬心や、無意識の我慢が隠れていることもあります。どんな気持ちを見つけたとしても、決して自分を責めないでください。ひたすら「自分を知る」作業をし続けましょう。やがて相手のことがいつのまにか気にならなくなったり、うまく距離がとれたりして、いつしか乗り越えていけます。

050

肉体から魂が去り、
「成仏する」のは、
考えられているほど簡単なことではありません。
それを知って、悔いなく生きてほしいです。

死を迎えたら、魂が肉体を抜けて、「あの世」に旅立っていきます。そのプロセスは、皆さんが思うほど簡単ではありません。死んだらすぐに成仏できるかというと、多くの場合、決してそうではないんです。

肉体の死を迎えると、魂は自分が亡くなったことに気づきます。悲しんでいる家族や友人を見たり、人生を思い返したりして、「もっとこんなふうに過ごせばよかった……」と、誰しも何かしらの悔いを感じます。ただ「行くべきところがある」ということもわかっているので、四十九日の間に整理して、迎えに来てくださったご先祖さまや守護霊さまと一緒に、あの世へ上っていく。遺《のこ》された方々から届く「供養」も、次の世界へと上がっていくための大きな助けになります。

けれども、未練が断ち切れずに「やっぱり行かない」と言い出す魂も少なくありません。自由意志に任されているので残ることは可能ですが、残れば残るほど、この世で生きている人たちにも、その魂にも、どうしてもマイナスの影響が生じてきます。

御霊の中には、挨拶し終わったら、サッと迷いなく旅立って行く方も、まれにいらっしゃいます。スムーズにあの世に行けるかどうかは、どんな人生でも、どれだけ悔いなく生き切れるか、にかかっています。

051

「自殺する」と決めて
生まれた魂はありません。

つらく厳しいお話になりますが、自分で死を選んだ方の魂の行方《ゆくえ》について、お話をさせてください。現実の世界では、重いうつ状態に陥って、その方がその方ではない状態、事故のような経緯で死を選んでしまうこともあります。ここでは、そのような生前の話とは切り離して、あくまでも「魂」の話としてお伝えします。

私たちの魂は、自分で課題を決めて、この世に生まれてきます。この人生では「○○や△△を頑張って生きます」と自分で約束して、基本的にはその課題がこなせるように、自分で決めた設定に従って人生は展開していきます。

自ら死を選ぶことは、このように決めてきた課題を放棄することになります。

また「自殺する」と決めて生まれてきた魂は一つもありません。どんなにつらくても生き抜くことが、この世に生きる全員に共通の、大前提としてあるんです。

だから生き抜くことをあきらめた時、その魂には大きな悔いが残ります。

前項で成仏は簡単ではないと言いましたが、さらに難しく険しい道に入ります。決して成仏しないわけではないし、輪廻転生が絶たれたわけでもありません。でも暗闇に、らせん階段が果てしなくのびるような、後悔が延々と続くことを、どうぞ知っておいていただければと思います。

052

大切な方の魂に向けて、
遺された人ができることは
生前の楽しかった記憶を思い出し、
供養の思いを向けること。

大切な人を亡くした時、遺された人には深い悲しみが生まれます。時には「もっとこうすればよかった」という後悔。「どうしてもっと優しくできなかったのか、どうしてあの時あのようにしてしまったのか」という自責の念。さらには、もう生きていても仕方のないような虚しさも感じます。

その全てが愛に根ざして生まれる感情です。

泣きたい時はどうぞ、我慢せずに思いっきり泣いてください。

お別れの形がどうであれ、この世から旅立った魂に向けて、遺された私たちができることは、生前、その方と過ごした時間の、楽しい気持ちや幸せだった感覚を思い出すことです。

「あなたに会えてよかった」

「楽しかったね。どうもありがとう」

という温かな思いは、その方の魂のもとへ、確かに届きます。思いのエネルギーを受け取った魂は慰められ、大きな勇気を得られるんです。

供養の思いとは、おそらく皆さんが考えているよりもずっとパワフルで、亡くなった方の魂にとっては力強いサポートになります。

053

体を気持ちよく動かす習慣をつけましょう。
それだけでエネルギーが整い、
悩みが消えていくことも多いんです。

もし今何か悩んでいることがあるならば、自分の「心」を見つめる作業も大事ですが、「体」のエネルギーを整えることも、同時に心がけてみてください。

悩んでいる時は、自覚できていない疲れが溜まっていることも多いので、まずはたっぷり睡眠をとって、心身を休めること。その上で「体からアプローチして、エネルギーを巡らせる」というのも、元気になるために、とても有効な方法です。

スポーツで楽しく体を動かしたり、自然の中を散歩したり、ヨガをしたりするだけで、エネルギーが発散して、全体の巡りが良くなります。どうしても体を動かすのが億劫《おっくう》な場合などは、簡単なストレッチや深呼吸だけでもいいでしょう。

クライアントの方でも「体を動かし始めたら、なんだか、とても元気になった」という方は、本当に多いんです。その結果、もともと悩んでいたことも前向きに対処できたり、悩んでいたことさえ忘れてしまったりする方も出てきます。

補足しますと、「瞑想《めいそう》」が好きな方もいます。瞑想は心の作用として、とても良いものではあります。ただ、瞑想で「心を無にする」のは、上級者でも難易度が高いもの。世間がイメージする霊能者っぽくないかもしれませんが、体を気持ちよく動かして、ぐっすり眠るという生活習慣を、ぜひともオススメします！

054

食欲とは生きる意欲。
食事に「心を込める」ことで
エネルギーの波動が高まります。

食べることは、私たちが生きていく上で欠かせない要素。必要な栄養素を食事でバランスよく、おいしくいただけるのが理想的です。「おいしいものを食べたい」という欲があることは、この世を生きていくための意欲にもつながっています。

人にとって「食」が大切なのは、肉体の維持に必要な栄養のことだけではなく、そこに宿るエネルギーをいただいて、お腹だけでなく、心も満たせるからです。

その料理をした人の「思い」は確実に、その食事に宿ります。丁寧に作られた食事がおいしいのは、料理を作った人の温かい思いや、食べる人を思う清いエネルギーがのるからなんです。また食べる方も「ありがたい」という思いで味わうことで、さらにエネルギーは高まります。

家族の食事を毎日作っていらっしゃる方はとても大変ですが、ひとさじ「心を込める」隠し味を入れるようにしてくださいね。そうそう、『アンパンマン』のジャムおじさんは「おいしくなーれ、おいしくなーれ」とパンをこねていますね。

一人暮らしで、コンビニのお弁当で済ませる時でも、わざわざ自分のために買ってきたのです。「自分を労《ねぎら》って、ちゃんと用意したんだ」という気持ちを持っていただくことにすれば、エネルギーは変わるし、波動も上がりますよ。

055

人は寝ている間に
見えない世界とつながって対話をしています。
睡眠はインスピレーションの源です。

「寝ている時間がもったいない」と話す方がいますが、私は、その考え方のほうがもったいないな、と感じます。

睡眠とは肉体の充電をする時であり、同時に無意識の扉が開いて、亡くなった方や守護霊さま、ご神仏など、見えない世界の方々とつながる時間でもあるからです。

もちろん、目覚めた時に覚えていない方がほとんどです。でも日中、働くなど活動している時に、ふとした瞬間「インスピレーション」が降りてくるのを体験したことはありませんか。「どうして、これまで思いつかなかったんだろう」というような方法がひらめいたり、斬新なアイデアが浮かんだり……。こうしたひらめきや直感について、「急に降ってきた！」と感じる人も多いでしょう。でも本当は、寝ている間に見えない世界の方々と対話して、すでに教えてもらっていたことがポンと出てきた、というケースがかなり多いんです。

特に頭を使うお仕事や、いいアイデアが欲しい方などは、質の良い睡眠を日ごろから、たくさんとるようにしたほうがいいですよ。

ちなみに私自身は、子どものころから正夢を見ることが多く、それで難を避けられたことが多々あります。睡眠は、とても人生に役立つんです。

056

悪い夢は
難を逃れるためのメッセージです。

「全然、夢を見ないんです」という方も多いですが、前項でお話しした通り、誰でも、寝ている間は見えない世界とつながっています。夢を通じていろいろなメッセージを受け取ることも多いので、ただ単に覚えていないだけ、もしくは顕在意識で覚えている必要がないから、忘れているのだともいえます。

一方で、夢に関心を持っている方も多くいらっしゃいます。意識を向けると、わりと夢も応えてくれることが増えて、正夢を見る体験も増えていくでしょう。

ただ、多くの方からよく聞かれるのが「悪い夢を見てしまった時、どうしたらいいですか?」という質問です。

悪い夢を見る時は、精神的にも身体的にも弱っていることが多いもの。だから、意識的に心身を休めるようにすれば大丈夫なんです。

疲れている時は、誰しも思わぬ事故やケガをしてしまいます。悪い夢を見たから嫌なことが起こるのではなくて、悪い夢を見るほど弱っているから、事故やケガが起こる、と言えるんです。

悪い夢を見て起きた後も思い出せるのは、見えない存在の方々が、それだけ切実にあなたに気づいてほしいから。メッセージを受け止めて、生かしてくださいね。

057

病気には宿命ではない病気と、宿命の病気があります。

私たちは肉体を持っている以上、病気と無縁では生きられません。病気には避けられる「宿命ではない病気」と、生まれる前に設定してきた「宿命の病気」の二つがあります。

クライアントの方と話していて、「このまま行くと病気になりそうだな」と感じる時は、その病気が絶対に通らなくてはいけない道筋に入っているのか、そうではないのかというところを霊視させていただきます。

避けられる場合は「今のままの生き方をしていたら、病気になってもおかしくないです。今なら避けられるので生活習慣を見直してくださいね」とお伝えします。本人の心がけと行動次第で、結果、大病をせずにすむことも珍しくありません。

一方、「宿命の病気」の場合は、ご本人がしっかり病気に向かっていけるようにと、私もできる形で寄り添っていきます。「宿命の病気」で寿命を迎える人もいれば、もしくは克服して、その後に大きな役目が待っているという方もいらっしゃいます。例えば、難病を克服して啓発活動をする、闘病記を出版して多くの人を励ます……などです。

どちらにしても、病気の体験を通じて、魂が何を学び取っていくかは、その人の生き方そのものにつながっています。

058

寿命はロウソクのようなもの。
もともと短いものもあれば、
長いものもあります。
でも、その人の生き方によって
燃え方は変わっていくんです。

人の寿命はロウソクのようなものです。

もともと短いものもあれば、長いものもあり、人によって違います。ただ、それぞれの宿命の長さはあるものの、その燃え方によって、実際に燃え尽きるまでの時間には差が出てくるのです。

例えば、長いロウソクでもボウボウと燃えて、あっというまに芯が尽きてしまう場合があります。

また逆に、その丈自体は短くても、炎が持ちこたえて、ゆっくりと燃えていくロウソクもあります。すると長いロウソクも短いロウソクも、結果的には同じ時間だけ燃え続けることがあるわけです。

つまり人の「寿命」とは、もともとの宿命（ロウソクの丈の長さ）がありつつも、実際には生き方（炎の燃え方）によって、短くも長くもなる、ということです。

宿命は変えられません。でも「生き方」とは、自らの意志と行動で、いかようにも変えていけるものです。

どのように生きるか。どのような行動を起こしていくか。それによって、実際の命の長さは変わっていくのです。

059

一人の人生でも、寿命のパターンは複数存在します。

前項で、人の寿命は宿命がありつつも、実際には生き方によって、短くも長くもなるという話を紹介させていただきました。言い方を少し変えますと、一人の人生でも寿命のパターンは複数あって、実際にどのパターンで寿命が尽きるかは、その人の生き方次第で変わっていきます。

例えば、ある方は交通事故に巻き込まれながらも、九死に一生を得て助かり、今も元気に過ごされています。事故の様子を霊視すると、間一髪、ご先祖さまが助けてくださったのがわかりました。この方はお墓参りを日ごろからよくなさって、ご先祖さまに感謝の気持ちを向けている方でした。

重い病気にかかってしまったあるクライアントさんは、生活習慣や心のクセを変える努力を重ねて、今、心身ともに健康で過ごされています。

実を言うと、私自身も「28歳で亡くなる」というパターンを持っていました（夢で上の世界の方から教えていただきました）。過去生では28歳で亡くなったこともありましたが、現在、私は生かされています。真言密教《しんごんみっきょう》のお寺で師匠と出会い、修行を始めて、ご神仏との御縁を深めていたこと、「霊能力を生かして人を助けていく」と自分の役割を覚悟したことなどが、複合的に作用したのでしょう。

060

ベストな寿命パターンで生きるには
自分で決めてきた今生の役割に気づき、
それを全うしていくことです。

寿命とは、絶対的に決められているものではありません。生き急いでいる方はどうしても短くなってしまいますが、命を大切に思い、いただいた人生のチャンスを生かしていこうとすれば、より生かされる方向へと向かっていきます。

ベストな寿命パターンでいくためには、自分で決めてきた、この世での「役割」を見い出し、それを全うすることのほかありません。

「自分にはそんな役割はないと思う。自慢できるような特技も才能もないし……」などと言って、あきらめないでくださいね。肉体のレベルでは覚えていなくても、あなたの魂はちゃんと知っています。そうでなかったら、そもそも生まれていないのですから。この世に生きている人全員に、それぞれの役割があるんです。

では、どうしたら、魂が予定してきた「今生の役割」を見い出せるでしょうか？

それは、自分が「持って生まれたもの」にヒントがあります。特別に華やかなものでなくても、ことのほか人に喜ばれたり、助けてあげることができたり、「役に立てた」と実感できたりした何かが、誰にでも必ずあるものです。

もし、どうしてもわからない場合は、心の中で守護霊さまに「教えてください」とお願いをしてもいいですね。何かしらヒントとなる言葉や現象が現れるでしょう。

061

若くしてこの世を去る方も
長生きする方も
「この人生を生き切ること」が魂の願い。
答えを知るのは、肉体を去ったあとです。

まだ幼い子どもを亡くしてしまった親御さんが、カウンセリングにお見えになることもあります。親としての悲しみの深さは、私としても大変胸が痛みますし、なんとも表現し難いものがあります。

ただ多くの方に知っておいてほしいことがあります。それは「魂」の観点からは、悲しみの出来事の中には、必ず深遠な意味がある、ということです。

小さいうちに亡くなる子の魂を霊視させていただくと、ほとんどの場合大変清くて、ご神仏のエネルギーに近いのです。すでに魂の波動が高いため、自分の魂を磨くためというよりも、他の方のために必要な、なんらかのお役目を引き受けて生まれてきたケースが多いです。例えば、家系の因縁を一掃《いっそう》するためとか、お父さん、お母さんがこれから果たすべき役割に必要な体験として……などです。

私たちは「なるべく元気で長生きしたい」と願い、それが幸せだと考えますが、それは肉体を持つ身でのこと。魂のレベルでは「確かに自分は、この人生をやり切ったんだ」と心底満足することを切実に求めています。

魂の満足は、肉体を去ってからしか本当にはわかりません。若くして亡くなる方も、100年以上生きて亡くなる方も、本人の魂だけがその答えを出せるんです。

062

幸せは本来、自由です。
もしもあなたの生き方について、
「○○しなければ幸せになれない」などと、
条件をつける人がいたら注意してください。

「○○しなければ、幸せになれない」

と、心のどこかで、幸せに条件をつけてしまっていないでしょうか。

例えば、愛されてこそ幸せ→愛されなければ幸せではない、などと、いつのまにか幸せの形が「こうでなければならない」と限定的になっていないでしょうか。

もちろん人は、この世で幸せになるために、どんな願いを持ってもいいし、叶《かな》えていいんです。ですが同時に「幸せ」とは、本来、条件など必要としないということも知ってください。ありのままの自分で、無条件で幸せを感じられてこそ「幸せ」なんです。自分で自分の幸せに、厳しい制約を設けないようにしてくださいね。

同じように、もしも、あなたの「幸せ」について、「○○しなければ幸せになれない」などと行動を抑圧したり、条件をつけようとしたりする人がいたら、受け止め方に慎重になっていただきたいんです。

もちろん、他の人の言葉に耳を傾けることは大切なこと。あなたのことを思えばこそ、親身なアドバイスをしてくれることもあるでしょう。ですが、あまりに決めつけや抑圧が強い場合はくれぐれも用心して聞き、自分で判断を下しましょう。

幸せとは本来、自由だからです。

063

失敗の体験こそ、
魂が成長するために求めていること。
必要以上に避けるよりも
失敗したほうが「結果おトク」なんです。

インターネットがあることで、ちょっとしたことを調べたり、情報収集するのにも、とても便利な世の中になっています。そのこと自体は喜ばしいことです。

ですが一方で、なんでもネット頼りで先に正解を求めてしまい、「実際に試してみる」「体験してみる」「挑戦してみる」機会が極端に減ってしまったようです。また、そのせいで、特に若い世代の方々は失敗することをひどく恐れてしまうようになりました。実はこの傾向を、上の世界の方々も大変気にされていらっしゃいます。

失敗は、決して悪いことではありません。いえ、むしろ強くお伝えしたいのは、失敗こそ成長の糧だということです。

なぜ私たちが肉体を持って生きているのかと言えば、それこそ「体験」をするため。体験こそが、魂が最も早く学びを深める手段だからです。

そして失敗して味わうこと、わかることは、成功体験の比ではありません。魂の学びという観点から見たら、失敗の数は挑戦者の証。その勲章《くんしょう》が多いほど、魂の学びがそれだけ進んだと言えるのです。せっかくこの世に生まれたのですから、必要以上に恐れてチャレンジという「体験」を避けるよりは重ねたほうが、結果おトクです。

このチャンスを生かしていきましょう。

064

しんどいこと、悪いことが起こるのは
全て「魂」の学びのため。
それ以外にありません。

自然災害が起こって、断水や停電を経験すると、私たちは水や電気のありがたみを痛感します。そして平穏な日常生活に戻った時には、心から感謝しますね。

同じように、個人のレベルでも、ネガティブな出来事を経験するからこそ、「ある」ことへの感謝（それこそ「ありがたい」ですね）を実感できます。

「理屈はわかるけど、人生がしんどいのはつらいしイヤだなあ、良いことばかり起こるのならいいのに……」と思うかもしれません。今まさに暗闇の中にいる人は、そんなことより、一日でも早くそこから抜け出したいという思いもあるでしょう。

でもどんな人生にも、いい波が来ることもあれば悪い波が来ることもあります。私たち人間には、悪い時期があるからこそ切実に真実を求めるし、大切なことに気づける、という面がどうしてもあるんです。魂の世界では、それがわかっているので、この人生では、どうしてもネガティブな出来事も起きるものなのです。

全ては魂の学びのため。それ以外にはありません。

だからどうか、恐れないでほしいんです。悪いことがあっても、人は必ず乗り越えていけます。またプラスの行動を起こすと、マイナスを減らして、大難を小難にできるというのは実際にあることです。立ち向かう勇気を持ってください。

065

自分の「本当の望み」を知り、
それに向けて、行動を起こしていく。
2ステップで「幸せ」は必ず叶います。

「幸せになりたい」と願う時、次の2ステップを実行してみてください。

〈ステップ1〉

「自分は何を得たら幸せになるのか？」

そのことを、まずはしっかり考えてみてください。ここが漠然としていると、どうしても現実的な流れも生まれてきません。

どんな状態が実現したら、自分は幸せだと感じられるのか？　自分が望む幸せと、今の自分では、どんな差があるのか？　何が足りないのか？　足りないものはどのようにしたら補えるのか？

なるべく具体的に考えてみて、「本当の望み」を、自分で探り当ててください。

〈ステップ2〉

ステップ1「今の自分に足りないもの」について、それを補うための行動を、現実的に実行します。どんなに小さな行動でも構いません。いえ、むしろ、いきなり大きな行動を起こすよりは、小さな行動を重ねていくほうがより効果的。「行動を起こす」と、考えている以上に現実の世界にインパクトがもたらされ、幸せに向かう具体的な「流れ」が生まれてきます。

066

どんな願いも
叶えていいんです。
行動を起こしてください。

クライアントさんの中には「尚さんはどんな願いも叶えていいと言うけれど、欲のような願いを叶えるのは良くないのでは？」などと話す方もいます。

でも本当に人生に必要で、自分が真に幸せになれる道筋なのだと感じるのでしたら、どんな願い（欲）も叶えていいし、叶えるべきだし、また叶うんです。

願いを叶えるポイントの一つは、現実に行動を起こし努力すること。でも、それが案外、できるようでできていない方も多いんです。

「宝くじを当てて、大金持ちになりたい」と話す人でも、よく聞くと、あまり宝くじを買っていなかったりします。ご存じの方も多いと思いますが、高額の宝くじに当たる人というのは、吉方位を調べて出かけたり、徳を積む行動を実践したりと、当選のために何かしら努力しているという方がほとんど。もちろん、実際に購入しているのは大前提です。その他にも「SNSでインフルエンサーになりたい」と話す方でも毎日は投稿していなかったり、「ステキな人と出会いたい」と願っている人も、婚活イベントに恥ずかしがって出なかったり……。

行動によって、必ず何かしらの流れは起こります。もし行動に踏み出せないでいるのなら、それを妨げているのは何でしょうか。そこにあなたの「課題」があります。

067

願いを叶えるために
ご神仏の力を借りると、
課題の進みが早まります。

ご神仏は、いつも私たちを見守ってくださっている存在です。そして、私たちが生まれる前に設定してきた魂の課題を見い出し、取り組み、どんどん「幸せ」に向かっていくことを応援してくださいます。

幸せになるために叶えたい願いがあるのでしたら、神社やお寺に足を運び、お力添えをお願いするとよいでしょう。

ご神仏に真剣に願いごとをすると、その直後から数カ月の間に、あなたがクリアするべき「課題」にちなんだ現象や印象的な出来事が現れます。または同じ言葉が偶然のように何度も目に留まったり、耳に入ってきたりすることもあります。

「あれ、もしかしたら、これかな？」と思い当たることがありましたら、自分の課題を読み解き、クリアするための行動を起こすと、その先に願いごとの成就が待っています。ご神仏にお力添えをお願いすることで、「課題」の進みが早くなるんです。

ちなみに、お参りに行く時は、目上の方の家を訪問するように、最低限のマナーは守って、謙虚な気持ちと態度をお忘れなく。

また、願いが成就したあとはぜひお礼参りをして、感謝をお伝えください。私たちが御礼の気持ちをお届けすると、ご神仏はお喜びになりますし、「幸せ」なんです。

068

「好き」には幸せのヒントがいっぱい。
と同時に、苦手なこと、
人から言われるとジワリと嫌なこと、
無意識に避けていることにも、
大事なヒントがいっぱい秘められています。

78〜79ページで「行き詰まったら子どものころを思い出してみて」とお伝えしました。幼いころに好きだったものには、魂が求めていることを知る、大きなヒントがいっぱい。「好きこそ物の上手なれ」ともいいますが、「好き」には人生を豊かにして幸せになるためのヒントがたくさんあります。

と同時に、今苦手だと思っていること、他の人に言われるとジワリと嫌な感じがしたり、話題が出ると、無意識に避けたりすることはありませんか。実は、これらにも、人生のカギとなる、大事なヒントがたくさん秘められています。

なぜならば、そこには、取り組むべき魂の「課題」があるから。それが無意識にわかっているからこそ、苦手だし、なんとなく避けようとしてしまうんです。

人によって、お金の問題のこともあれば、健康、親との関係、子どものこと、パートナーシップや性、自信やコンプレックスにまつわる問題など、いろいろあります。

もしも今、身の回りで何度も起こる現象や問題があるのでしたら、自分が「無意識に避けようとしていること」という観点からも考えてみてください。

そこから、あなたが向き合わなければならない、人生の課題が読み解けることも多いんです。

069

苦しいことも
必ず、乗り越えていけます。
あなたの魂はそれを知っているから、
この世に生まれてきたのです。

今、苦しい思いをしている方。暗闇をさまようような思いをされている方。「もうどうでもいいや」「自分はダメだ」と何もかも投げ出したいような思いをされている方へ。どうぞ今、この瞬間も、あなたのことをずっと見守り、そばにいる存在があることを知ってください。

この苦しみを乗り越えて、いつかあなたが前を向けるように、そして、魂の真実に気づけるようにと、ただただ祈り、願い、守っていらっしゃいます。

「だったら、今すぐ助けてよ！」

と、あなたは思うかもしれません。でも、これまでにも、あなたが全く気づかないところで、何度も助けの手を差し伸べてきましたし、今だってそうなのです。

その証拠に、あなたはこの本に、このページにたどり着いたのですから。これは偶然ではないんです。

大丈夫です。あなたは乗り越えていけます。どんなに希望を失い、闇が底なし沼のようでも、わずかな光が教える、小さな小さな突破口が必ずあります。

「苦しみは乗り越えていける」と魂は知っているから、今回も生まれてきました。どうか生き抜く勇気を持ってください。

070

時には空を眺めてみませんか。
「美しいもの」「清いもの」に心を向けると
良いものを引き寄せます。

「空に彩雲や虹を見つけたらラッキーがある」と、昔から言い伝えられています。もちろんただの自然現象だと言われれば、その通りなんですが、私は日常生活の中で、魂にとっての良いサイン、吉兆が現れることは実際にあると感じています。

彩雲や虹に気づくとは、美しいものに心のベクトルが向いているということ。そして、実際に見て「美しいなあ」と感じるのは、美しいものを見つけて感じる心がある、という証です。同じ現象が目に入っても、全く心が動かない人や、気づかないという人も中にはいるからです。

美しいものを求めるのは「良くなりたい」という素直な魂の思いがあってこそ。実際に遭遇したのなら、「心も脳も良い方へ、ベクトルが向けられています。あなた自身も、波動が上がり始めて、良い状態を引き寄せますよ」という、確かなメッセージなんです。

彩雲や虹以外にも、愛らしいネコちゃんがすり寄ってきたり、風が街路樹をわたっていくのが見えたり、結婚式の幸せな1シーンに出合ったり、ふいに心が喜ぶ風景に出合えたら、それらは全て魂の「吉兆」です。

美しいもの、清いものにどんどん心を向けて、良い状態を引き寄せていきましょう。

071

私たちの肉体は、
老いていく分だけ
魂の世界に近づいていきます。

年齢を重ねると、どうしても体力が落ちたり、若いころのように動けなくなったりしてしまうのは誰しも経験すること。私たちは肉体を持って生きる身。肉体が老いていくことは、季節が巡るように、誰にも止められません。

ただ中には、老いることをとても悲観してしまう方がいらっしゃいます。悲しい気持ちになるのもわかるのですが、霊的な観点から言うと、決して悪いことばかりではないんです。

肉体が尽きれば、魂は元の世界へと帰ります。肉体が老いていくことは、魂本来の世界へと、どんどん近づいているということ。この世の役割からも徐々に解放されていきます。

魂の観点からは、老いとは、その人がより軽やかになっていくこと。

ただし老いていく過程では、これまで感情を抑えて我慢してきた人ほど、積もった思いが噴き出してしまうケースも少なくありません。変わっていく様子を見て、周囲の方がつらい思いをされることもあります。でも、それらは全て、魂の世界への軽やかな旅立ちのために起こる、一種のデトックス作用。魂が促す自然の働きなんです。

老いとは「決して悪いことだけではない」と、知ってください。

072

肉体の欲と魂の欲（願い）があります。
違いは
「他の人と分かち合いたくなるかならないか」
です。

私たち人間には2種類の欲がある、と考えています。一つは、食欲、睡眠欲、性欲など、ある程度体を維持して生きていくために必要な「肉体の欲」。もう一つは「魂の欲」で、幸せになるために魂が願っていることです。

この世に生まれてきた以上、私たちは、自分でこの「魂の欲」をどんどんキャッチして、叶えていくべきです。願いを叶えて幸せに生きることが、今生きている私たち全員に共通した魂の課題の大枠であり、目指すべき方向性だからです。

それでは「魂の欲」とはどんなものか、カウンセリングの場などでもよく使う、お気に入りのたとえ話をお伝えしましょう。

あなたが「ハンバーグを食べたいな」と思いついて、レストランに入ったとします。イメージにぴったりのおいしいハンバーグが出てきて、「ああ、おいしかった！　ごちそうさまでした」で終わるのが「肉体の欲」。一方「魂の欲」の場合は、「ああ、おいしかった！　こんなにおいしいハンバーグを食べさせてもらってありがとう」とお店の人に感謝の気持ちが湧き、そして「○○さんにも食べさせてあげたいな」と自然に思えてきます。

他の人と分かち合いたくなる、そんな「魂の欲」はどんどん叶えていきましょう。

073

頑張ってもダメな時は
頑張るのをやめてみましょう。

「どうして、こんなに頑張っているのに、うまくいかないんだろう！」と、理不尽な思いをする時は、「頑張る」のをやめましょう。

「頑張らなくてはいけないこと」はとりあえず、いったん脇へ置いておく。その代わり、自分が楽しいと思うこと、ワクワクすることに取り組んで、それに集中してみてください。自分の中に感じる、ポジティブな感情や幸せを、思いっきり味わってみるんです。

そのようにしていると、なぜか行き詰まっていた物事が動きだすことは、本当によくあることなんです。特に仕事で行き詰まってしまった時は、この方法をぜひ試してみてくださいね。

眉をひそめて、仕事やプロジェクトに真剣に取り組むのも決して悪くはありません。でも、それで流れが滞ってしまう時は、一回そこから離れて、心身をゆるめたほうが、かえってうまく回りやすいものです。

「よく働き、よく遊べ」という言葉もありますが、よく遊んだほうが、エネルギーが回ってかえって仕事もうまくいくのは、この世の真理の一つ。日ごろからストイックについ頑張りすぎてしまう人ほど、一度は試してみてほしいです。

074

承認欲求の強い人が、
一番認められたい人は自分。
一日の終わりに
自分をいっぱい褒めるようにしましょう。

人は誰しも、他の人に良く思われ、認められたいもの。その欲求は、この世を生きていくための原動力にもなってくれます。ですが、いわゆる「承認欲求が強い人」もいて、こうした人は、人生の流れがあまりうまくいっていないことが多いんです。「承認欲求が強い人」とは、実は「自信がない人」。自信がないからこそ、他の人に認めてもらいたい欲が強すぎてしまうし、人に認められなくては自分はやっていけないように感じてしまうのです。

一方で「承認欲求が強い人」はスゴい人に褒められたり、何万人のフォロワーに「いいね！」をもらったりしても結局、満足できません。なぜなら一番認めてほしいのは自分だから。自分で自分を認めない限り、決して心は満たされないんです。

このように聞いて、もし多少なりとも心当たりがあったら、やってみてほしいことは「自分で自分を褒める」習慣をつけることです。例えば、寝る前やちょっとした時間に、ほんの数分でいいので、ノートに思いつくままに書いたり、こっそり声に出したりして自分を褒めてみてください。

本当の自信とは、こんなシンプルな方法で、ゆっくり時間をかけて、日々育てていくものなんです。

075

どんなに素晴らしい考え方でも、
人に押し付けた時には「刃」となります。
他の人と自分は違うんです。

信念を持った生き方は素晴らしいです。そのおかげで苦しかった過去を克服し、成功や幸せにつながっているのなら、ぜひその経験を誇りに思ってほしいと願います。

ただし、自戒も込めつつ気をつけていただきたいのは、どんなに自分が「素晴らしい」と思う考え方、方法でも、それを人に押し付けた時には刃になることがある、という点です。

もちろん、他の人の助けになるようにと、あなたの信念を分かち合うことは尊いこと。でも、その考えを採用するかどうかは、相手の領域なんです。自分にとって良いものが、相手にとっても良いかどうかは本当のところわからないし、あなたが決めることでもないんですね。

成功体験がある人ほど、こうした配慮を見失いがちです。

もしも今、家族や友人、仕事仲間など、人との「距離感」の問題で悩んでいるのならば、このような観点でも自分を振り返ってみてください。

人と自分は違います。

とても簡単なことですが、これを学んだ時、取り巻く環境は大きく変わり、人生が良い方向へ流れ出すケースはとても多いです。

076

笑いましょう。
笑えなくても、笑いましょう。

真言密教の僧である、私の師匠は、

「笑いなさい。笑えなくても、笑いなさい」

と、よくお話ししてくださいます。

「僕が言っているんじゃないよ。お大師さま（空海さま）が１２００年以上前から、そうおっしゃっているんだから」

とも教えてくれます。

とてもじゃないけど、今は笑えない状況だという方もいらっしゃると思います。現在はひとたびニュースを見るだけで、未来を悲観しそうな、ネガティブな材料もたちまち集まってきてしまいますよね。そんな今だからこそ、普段から「笑い」を意識しておくのは、とても大事なことなんです。

お笑い番組や「推《お》し」の動画、マンガなどから力を借りるのもいいです。鏡の前で「笑ってみせる」だけでもいいでしょう。一秒でも笑えたら、そんな自分をいっぱい褒めてくださいね。

よく笑う人は、それだけ邪気が払われ運が寄ってきやすく、実際に「いいこと」に恵まれやすくなります。同じ道を行くなら、笑っていきましょう。

077

心が焦ってしまう時ほど、
ゆっくりと物事を進めるように意識して。
それだけでうまくいくことがあります。

物事がなんだかうまくいかないなと思う時、いつのまにか、心に焦りが生まれていることがありませんか。

自分が焦っていることにも気づかず、手っ取り早く解決したくて、先走った行動をして、それでかえって焦りを深めてしまうことさえあります。

焦ってうまくいくことは、まずありません。

物事がうまくいかない時は一度立ち止まり、自分の中に焦りがないか、考えてみましょう。

「ああ、もしかして私は、今焦っているのかも？」

と心当たりがあったら、まずは手を止めて深呼吸を。その上で、わざとゆっくり、物事を進めていくように意識してみてください。

例えば、ゆったりとした話し方を試みる。時間をかけて移動する。スケジュールに余裕を持たせてみる。食事をじっくり咀嚼《そしゃく》して味わう。もちろんそれぞれのシチュエーションによってできることは変わってきますが、「ゆっくり、ゆったり」を意識的に生活の中にちりばめて実践してみるのです。

すると、それだけで物事がうまく流れ出すことは、とてもよくあることなんです。

078

悪縁は「悪縁」の顔をしていません。
見極め方を心得ておきましょう。

人との御縁がもたらすものほど、魂の学びを深めるものはありません。そして大事な学びの一つは、良縁と悪縁を見極めること。悪縁は絶ち、良縁を大切に育んでいくことで、人生はより幸せな方向へと向かっていきます。

ただし、その方との御縁が良いか悪いかを見極めるのは、とても難しいところがあります。なぜなら悪縁は「悪縁」の顔をしていないからです。

その方は、あなたの自尊心をくすぐる言動で、甘く惑わせるでしょう。また「あなたのことをよく思っている」などと言葉巧みに語るでしょう。ただし、よくよく考えてみると、その方の「自分都合」の発言になってはいないでしょうか。

悪縁を見極める方法は「その方と、1年後、10年後、この先もずっと良い関係で、信頼できる関係でいられる」とはっきりとイメージできるかどうか、です。そう問われて、すぐに答えが出ますか？　答えに迷ったり、かすかな違和感や迷いがあったりするならば、本心が感じていることを、他でもない自分が見極めましょう。

全ての御縁は、自分の心の合わせ鏡です。悪縁を見極め、絶つことは、自分の中の弱さを見極め、絶っていくことにつながります。痛みも伴いますが、乗り越えた時には、必ず大きな成長と喜びが待っています。

079

「引き寄せ」には落とし穴があります。
本当に幸せになるには、
「引き寄せ・引き上げ」を
実践していきましょう。

多くの方々に「引き寄せの法則」が、よく知られるようになりました。事実として、自分の想念が現実に起こってくるという現象は、この世には確かにあります。

ただ、この法則を利用して「良いことだけを思って、良いことばかりを引き寄せよう！」という思考には、少し気をつけてほしいんです。

「良いことを引き寄せる」という考えが我欲のようになって、いつのまにか波動が下がってしまうことがあるからです。結果、悪いことを引き寄せてしまって、幸せから遠ざかってしまったケースをたくさん、見聞きしてきました。

悪いことを避け、良いことを引き寄せていきたいと願うのでしたら、自分の波動を上げていく行動を日々積み重ねていくこと。日ごろから努力することでこそ、「悪いこと」は引き寄せにくくなります。

また、「悪いこと」は決して悪いことだけではありません。ネガティブな出来事が起きたとしても、真摯《しんし》に向き合い、行動を起こして乗り越えていけば、大きなプラスを得られるようになっているからです。

幸せになるために、物事を「引き寄せ」、自分で「引き上げ」ていく心意気を持っていきましょう。

080

「引き寄せ・引き上げ」がうまくいかない時は
3つのプチアクションを試してください。

「引き寄せ・引き上げ」について前項でお話ししましたが、「自分の波動を高めていこう」と思っても、どうしてもうまくいかないこともあるでしょう。そんな時は、ひとまず次の3つのプチアクションを試してみてくださいね。

1、朝日を浴びる

朝日のエネルギーには上昇していく気質、開いていく気質があります。天気のよい日は全身に朝日のシャワーを浴びて、自分自身のエネルギーを高めていきましょう。

2、水回りをキレイに掃除する

トイレ、洗面所、お風呂場、キッチンなど、水回りを掃除すると、それだけで家の中の空気が清まります。すると無意識に心も清々《すがすが》しくなっていきます。波動を高めようとする時には、まず「清まった状態」を作るのがとても大事です。

3、睡眠をとる

120～121ページでもお話ししましたが、人は寝ている間に、ご神仏など見えない世界の方々と交流しています。質の良い睡眠をとれる方ほど、エネルギーの充電ができるんです。その人自身のエネルギーが足りていないと、努力してもうまく波動が高まっていかないので、まずはたっぷりと充電することを心がけてください。

081

守護霊さまからの
メッセージを受け取りましょう。
あなたの魂の成長が
守護霊さまの望みであり、課題です。

霊能力があろうとなかろうと、見えないものを感じる力は本来、私たち全員に備わっています。誰でもその気にさえなれば、自分の守護霊さまからのメッセージを受け取ることができるんですよ。

何度も耳にする言葉。何気なくテレビをつけたら目に留まり、妙に気になった情報。まるで絶妙な励まし、時にはツッコミのように、たまたま聞こえてきたラジオや音楽の歌詞。繰り返し経験する同じ現象。何度も出会う同じタイプの人などなど、「偶然」は、目に見えない存在の方々が「どうしたら、あなたに気づいてもらえるかな？」と一生懸命考えて、日常生活に潜ませた、大切なヒントであり、メッセージなんです。

ポイントはあまり真剣になりすぎず、ゆったりと、と同時に、謙虚な気持ちで待つこと。「絶対にメッセージを受け取ってやる！」などと、力んだ態度や気持ちだと、かえって受け取りにくくなるので、気をつけてくださいね。

直接語りかけてくださったほうが早いのでは？と思う人もいるかもしれません。でも、「自分で見い出す」という力をつけることが、何よりも、あなたの生きる力を育んでくれます。守護霊さまにとっては、あなたの魂の成長が唯一の望み。どのようにサポートするかは、守護霊さまご自身が取り組んでいる「課題」でもあるんです。

082

ご神仏発信のメッセージは、
ぐうの音も出ないほど
より強力に現れます。

前項で「誰でもその気にさえなれば、自分の守護霊さまからのメッセージを受け取ることができる」と言いました。実はご神仏からのメッセージが現れることもあるのですが、守護霊さま発信のものよりも、より強く物理的に現れやすいです。

私の体験ですが、以前「A寺」に行きたいと考えつつ、なかなか都合をつけられないでいた時がありました。その時期はとにかく会う人ごとに、「A寺」の話題が出てきました。「尚さんはA寺に行ったことはありますか？」「そういえば私、この間A寺に行ったんですよ」などです。

また、なにげなくテレビをつけると旅番組をやっていて、ちょうどA寺が紹介されていました。極めつきは、神棚から、前に人からいただいたA寺のお札がヒラヒラと落ちてきたこと（窓も開けていなかったのに……）。それで観念して、A寺にお参りに行かせていただきました。

ぐうの音も出ないくらい、物理的、かつ強力に現れるのがご神仏のメッセージです。おそらくこれが守護霊さまの発信であったなら、現象は一つか二つだったでしょう。

霊能者でない方にとって、その違いはあまり重要ではないかもしれません。でも少しでも興味を持つきっかけになればいいなと思って、お話しさせていただきました。

083

「やりたいこと」を実現している人でも
ネガティブなことは起こります。
使命に関わるほどに
「それでもやり続けますか？」
と問われる出来事が多くなるでしょう。

夢や目標があって真っ直ぐに努力している人はキラキラしています。実際に、すでに本来の使命や役割を見い出し、それに向かっている方を霊視してみると、エネルギーの濁りが少なく、オーラが本来の輝きを放っています。

ただし、誤解している人も多いのですが、そういう方々がラクで楽しくて、人生もスムーズかというと、決してそんなことはありません。むしろ「使命」に向かっている時ほど、手痛い失敗や一見ネガティブな出来事を体験させられることも多いんです。「それでもやり続けますか？」という、天からのお試しが起こりやすいのです。

キツいことが起こると、そのたびに心が揺れるでしょう。ですが勇気を持って「ハイ、続けます！」と宣言して、できる行動を続けてください。自分に真の力をつけ、魂を向上させる正念場だからです。乗り越えた先には本人が望んでいる通りの……、というより全く予想だにしていなかった、もっと大きな成功と幸せが待っていますよ。

ネガティブな出来事の渦中は、誰でもつらい思いをするものです。でもその時はわからなくても、葛藤を乗り越えた先、振り返った時には「なるほど。あの試練にはこういう意味があったんだ。あの出来事を乗り越えることなくして、この幸せにはたどり着けなかったんだな」と心の底から納得し、天の意図の全貌を知ることでしょう。

084

私たちは全員、
この世で果たすべき
役割と使命を携えて生まれます。

誰にでも生まれる前に設定してきた、この世でなすべき「使命」と「役割」があります。それが比較的わかりやすく若い時に現れる人もいれば、生涯をかけて、ゆっくりと自分で探していく人もいます。

たとえ記憶にはなくても、自分が学ぶのに、最もふさわしいタイミングと設定を、魂は自分で決めています。

もしも現在、「自分の本当にやりたいことがわからない」「自分に生きる意味や使命なんてないのでは」と感じている方がいらっしゃるなら、どうかそのことで決して落ち込んだり、焦ったりしないでほしいと思います。

本当に意味も使命も持たないのならば、そもそもこの世に生まれる必要がないのですから。

あなたはこの人生で、やるべきこと、取り組むべきことがあるのです。過去生のやり残しに取り組むため、生まれてきたんです。

あなたが今苦しんでいること、悩んでいること。その中にこそ、最も自分らしい形で「使命」を見い出すヒントがあります。そして、いつか苦悩を乗り越えた時、あなたの体験が他の方々の助けとなり、役に立てなければいけない日が来ます。

085

なぜ日本に生まれてきたのか？
なぜ日本に御縁を持ったのか？
そこにも
魂のテーマに沿った理由があります。

今、あなたが、その親のもとに生まれ、その性的指向・性自認で生きているのは、自分がこの人生で魂の課題をこなすのに、最もふさわしい「キャラクターの基本設定」だからです。同じように、どうして日本に生まれたり、また日本に御縁を持ったりしているのかと言うと、その設定が一番、魂の課題をこなしやすいから、なんです。

一つのパターンとしては、過去生も日本人として生きたので同じ国でスタートしたほうが取り掛かりが早いこと。欧米だと、前提が違いすぎてしまう場合があるんです。例えば「人に気をつかいすぎて、自分の思いを伝えられなかった」という過去生がある場合。まず「人に気をつかいすぎてしまい、窮屈《きゅうくつ》な思いをする」という設定を体験すると、より本人が気づきやすいですよね。「言いたいことをストレートに言う」文化の中では、なかなか気づきにくくなってしまうわけです。

二つ目のパターンとしては、日本に神社仏閣が多いことが関係しています。「ご神仏の存在を意識して生きる」という課題を持ち、それに気づきやすい設定として、日本を選んでいるケースもとても多いです。

もちろん、人によって他の理由がある場合もありますが、ご自身の課題について考える時の参考になさってくださいね。

086

天災に向けて
私たちができるのは、
恐れを減らし、
安心感を育てておくこと。

この星で生きる以上、特に日本という国で生きていく以上、どうしても地震や水害などの自然災害に遭うことは避けられません。ただ、その被害を少なくするようにはできると、私は感じています（それが天命である場合を除いて）。実際日ごろからご神仏や守護霊さまたちとコミュニケーションがとれていて、御縁を深めている方は「九死に一生を得る」「結果、大丈夫だった」という現象が起きやすいからです。

クライアントさんの中にも、過去の地震で「あと一秒、建物から出るのが遅かったら命はなかった」という経験をされた方がいました。たまたま家族から電話がかかってきたので外に出たら、その途端に地震が起こったのだそうです。この状況を霊視してみると、電話がかかってきたのは「たまたま」のようで、決してそうではありません。守護霊さまが働きかけていらっしゃいました。

天災を恐れる気持ちは当然あっていいのです。ただし恐怖心を持ちすぎると、いざという時にパニックを起こしやすいもの。日ごろから「ご神仏や守護霊さまとコミュニケーションをとれているからきっと大丈夫」と思えれば、あなたの中の「大丈夫」が育ちます。そして、その信じる気持ちが、その瞬間の冷静な判断につながるでしょう。あ、もちろん心だけでなく、現実的な防災の備えは大前提なのでお忘れなく！

087

地球を選んで生まれたのは
「五感」を持って
生きられるから。
感じる力をいっぱい、磨きましょう。

皆さんをビックリさせてしまうかもしれませんが、私は、地球以外の星に生きるものたちの「存在」を確かに感じています。

その上で、私たちがなぜ今、この地球という星で、人として生きているのかと考えますと、そこには地球ならではの課題があるのだと思います。

それは「肉体を持って生きる」ということ。

私たちにとって、「肉体がある」とはどういうことでしょうか？

日ごろあまり意識したことがないかもしれませんが、この身があることで、私たちはさまざまなものを感じることができます。例えば、美しい景色に見とれ、音楽に耳を傾け、花の匂いを感じ、料理を味わい、寒さ暑さを感じることができる。つまり、「五感」を通じて、人生の体験はとても豊かに彩られているのです。

さらに私たちは、自分が傷つけられた時の「痛み」をも知ります。もし「痛み」の感覚を持つことができなかったら、そのつらさも悲しみもわかりませんし、他の人が感じた「痛み」をも決して理解することはできません。

痛みを知り、理解することは「愛」に通じます。この星で「感じる力」をいっぱい磨いていきましょう。

088

地球で生きることは、
魂の世界からは、
「学びの短期集中コース」です。

この世で、私たちは肉体を通じて「五感」を持ち、さまざまな感覚を日々学んでいます。傷ついたり傷つけられたり、「痛み」の感覚もあってつらいのですが、実は、魂にとっては、とてつもなく豊かな学びを得ていることになります。

魂の世界では「五感」がなく、「痛み」もありません。私が知る限り、亡くなって間もない方にはわりと残っているのですが、もっと上の世界へ進んでいくほどに、私たちの今考える「感覚」はどんどん失われていくんです。

肉体を去った後、魂は、痛みも苦しみもない、究極の愛の世界へと向かっていきます。仏教用語では「色即是空《しきそくぜくう》」、一切は「空《くう》」とも表現されています。

それはそれで素晴らしい世界なのですが、一方で、学びのスピードがものすごくゆっくりになるので、向上しにくくなるという面があるんです。

「痛み」の感覚を失うので、誰かがつらい目に遭っていても、ただの「現象」としてとらえてしまう感じになるわけです。

肉体を持ち、この世で生きるとは、魂にとっては、いわば「学びの短期集中コース」。私たちはこの星に降り立ち、集中的に学ぶ道を選んだのです。他でもない、自らの意志で。

089

寿命のパターンが複数あるように、
人生のパターンも
複数携えて生まれてきます。
結果、どのパターンを進んでいくかは、
生き方次第です。

この本の中では何度となく、人は魂の課題を持って生まれていること、その課題をこなすためにふさわしい、人生の設定を自分で決めて生まれていることを述べてきました。でもこのようにお話しすると、今の自分の人生があたかも、絶対的に決められた道筋で、変更できないように感じる人も出てきます。でも、その人が結果、どんな人生を具体的に歩んでいくかは決まっていません。128～129ページで、人は複数の寿命パターンを持って生まれていることをお話ししました。同じように、人生のパターンも複数携えて生まれています。実際にどの道を行くかは、その方の生き方、例えば思考、選択、人との出会いのタイミングで決まっていきます。

例えば、私の場合は「人の役に立つ」というのが課題の大枠です。そして、今生、自分が持たされたものの中から「霊能力」を選んで、今はその道を進んでいます。でも、これが別の才能、例えば私はイベントの企画が好きなのですが、「企画力」を選んで、それを追求していく道もパターンとしてはありました。

魂が学ぶのに、この道でなければならないということはなく、どれを選んでも学びたいことは学べるようになっているし、未来は一つではなく、いろいろあるんです。

090

無限の未来の中から、
より良いパターンを選ぶためには、
自分と向き合い続けることです。

誰にとっても、未来は無限にあります。そして、未来とはその中から、自分の意志と行動でつかみとっていくものです。

もし、今の自分が、思い描いた未来の姿とは違うのなら、今の自分には何が足りなくて、何が必要なのでしょうか？

そして今の自分が、これまでの選択の結果だとしたら、何を選んで、何を選んでこなかったのでしょうか？

これから本当に望む未来を手にしたいと願うのでしたら、自分が本当に欲しいものを知り、そして必要なものをその都度選択していかなくてはなりません。

それでは、どうしたらより良い未来を選択していけるのでしょうか。あまり華々しい答えではないのでガッカリさせてしまうかもしれませんが、常に自分の心と向き合うことのほかはありません。

AかBかを選ぶ時に、本当にやりたいと思ってAを選ぶのか、誰かと比べて嫉妬心や見栄、または逃避からBを選ぶのか。こうした作業は、時に見たくない自分にも向き合うことになり大変苦しいものです。でも一つ一つ真摯に向き合う作業を積み重ねたその先に、望む未来は待っているのです。

091

パワースポットには良いものも
あまり良くないものも集まります。
しっかり見極めていきましょう。

いわゆる「パワースポット」が好きで、よく行かれるという方もいらっしゃいます。どんな場所でも御縁がなければ行けませんから、ぜひ訪れる機会を楽しみにしていただきたいのですが、一点だけ気をつけてほしいことがあります。

ご神気やパワーが強いところは、光のエネルギーが満ちている状態。ですから、その光を目指して、いいものも集まりますが、同時に「癒やされたい」とあまり良くない存在、あまり波動の高くないものも周辺に集まりやすいんです。

日ごろから見えないものを感じやすい、影響を受けやすいと自覚されている方は、なるべく浄化の力が強い、太陽が当たる時間を選んだり、お守りを身につけていったりするようにするといいですよ。

またもし、何かしら「メッセージ」らしいものを受け取った時には、それがどこから来ているのか、いったん疑ってかかってください。

良いもののポイントは「これをしなさい、あれをしなさい」といった強制を一切していないということ。「体に気をつけなさいね」くらいはあるのですが、ただただ「見守っているよ」と、慈愛の心を向けてくださることが多いです。気をつけさえすれば大丈夫なので、ぜひ心に留めて、パワースポット巡りを楽しんでください。

092

未浄化霊には、波長を合わせないこと。
人のネガティブな念、
生《い》き霊《りょう》とは、
距離をとるのが一番です。

霊能力がない、全く興味関心がない、一切信じないという方でも、良くないエネルギーの影響を受けて、一時的に体調が悪くなる、順調だった物事の流れが急に邪魔されるというケースは、実際にあることです。

その代表例は、魂の世界へ上らずに漂っている「未浄化霊」の影響。でも、未浄化霊はあまり恐れることはなくて、こちらが波長さえ合わせないようにすれば、比較的簡単に離れていきます。マイナスのことを考えないように感謝の気持ちを持つようにしたり、興味や関心を違うことにそらして、楽しみを持ったりするようにすると、自然に祓《はら》われていくでしょう。

一方で厄介なのが、生きている人のネガティブな念。「生き霊」とも呼ばれるものです。生き霊がなぜ厄介なのかというと、相手が生きているので、嫉妬や怒り、恨みなどの念が、その方から〝供給〟され続けてしまうからなんです。

「その人に会うといつもあとで具合が悪くなる」など、心当たりがある場合は、基本的にはその方と距離をとって、相手のことを考えないようにするのが一番です。

現実的にはなかなか難しい場合もありますが、ご神仏や守護霊さまなど、見えない世界の存在の助けも借りるなどして、悪いエネルギー循環は絶っていきましょう。

093

自分から生き霊を飛ばさないためには、
ひたすら自分の心を見つめ続けましょう。

他の人から向けられた「念」や「生き霊」に影響を受けてしまうことは現実的に起こります。でも、それは嫉妬や恨みといったネガティブなものばかりではなくて、ポジティブな場合も中にはあるんです。

例えば、お母さんが離れて暮らすお子さんのことを思う時には、その念は決してネガティブなだけではなくて、愛情からくるものも多いですよね。そのエネルギーがお子さんを守ることもあります。

また、人が真剣にお祈りを捧げる時には、あまりにその祈りのパワーが強く、祈る方の姿がその場所に現れて、見える方には見えてしまう、ということもあります。

それだけ人が飛ばす「念」の力とは、大変強いものなのです。だから、自分から「生き霊」をうっかり飛ばしてしまったということも、実際にありうるんです。

人に対して怒り、嫉妬、恨みなどを強く飛ばすと、それだけ自分のエネルギーの消耗も激しいですし、いずれ悪いエネルギーは自分に返ってきてしまいます。

ネガティブな感情は自然に湧き出るものですから、我慢しなくていいのですが、見つめるべきは自分の心。その視線を相手に向けないで、ひたすら自分と向き合い続けるならば、生き霊が飛ぶことはありません。

094

霊能力はなくても、
見えない世界を「感じる力」は
誰にでもあります。
自然に触れ、感覚を磨いて高めていきましょう。

以前「私にも霊能力があったら、尚さんみたいに守護霊さんやご神仏ともっとコミュニケーションがとれるのに……」と、おっしゃる方がいました。いわゆる霊能力についてはは扱える人と扱えない人がいます。これについては、生まれる前に魂の課題に沿って、自分で設定を決めてきています。また、霊能力が扱えるからすごいわけでも、偉いわけでも何でもないんですね。

ちなみに、昔はもっと普通に、多くの人が見えない世界を見たり聞いたり、感じたりしていました。ただ、今は電話があるので、テレパシー能力が退化してしまったように、科学技術の発達と共に、どんどんその力が廃《すた》れてきているんです。

「見えない世界を感じる力」は、霊能力の有無にかかわらず、ぜひ高めてほしいと思います。といっても難しいことではなくて、キレイな景色を見て、キレイと感じる心があるのと同じように、その尊さを感じる感性を育めばいいんです。この感覚が磨かれると、ご神仏や守護霊さまのメッセージも受け取りやすくなるし、御縁も深まり、結果、人生も良い感じに流れていくでしょう。

力を育てるには、電子機器から離れて、自然豊かな場所に出かけるのがおすすめです。風を感じ、色彩を愛で、匂いを嗅ぐ。感覚を磨くことで高まっていきます。

095

大丈夫かどうかよりも、
自分がやるかやらないか、です。

「私、大丈夫なんですよね？」

カウンセリングや講演会などで質問された方に、お話の最後、このように念押しされることがあります。とても漠然とはしていますが、私には「大丈夫なんですよね？」と聞きたくなる気持ちがよくわかります。お悩みがどんなものであれ、人は、自分の行く末に漠然とした不安を持ってしまうものです。

ちなみに、ほとんどの場合、私の回答は「はい、大丈夫ですよ！」しかありません。大丈夫でないはずがないんです。どの方を霊視しても、この人生をやりこなせると自分で判断したから、この世に降りてきて、今そこにいらっしゃるのですから。

補足すると、大丈夫かどうかは大きな問題ではなくて、自分がやるかやらないかだけなんです。本当に大丈夫だったかどうかは、その後に結果としてわかること。行動を起こしたならば、たとえネガティブな結果になったとしても「思っていたのとは別の形で大丈夫だった」というパターンになるんです。

あなたのことを、たくさんの方が見守っています。自分が気づいていないだけで守ってくれている存在は必ずありますし、もちろんそれは、見えない世界の方々だけではありません。

096

悪口は自分に返ってきますが、
愚痴が返ってくることはありません。
溜まっているなら、吐き出していきましょう。

「言霊《ことだま》」、言葉が持つパワーは確かにあります。言葉を発していると、それは現実になっていきます。だから普段からなるべくポジティブな良い言葉を選んでいきたいものですが、そのようにお話しすると、とても気にしすぎてしまう方が出てきます。例えば、「意地悪な職場の人のことでつい愚痴を始めたら、止まらなくなってしまいました。これって、自分に返ってきてしまうのでは？」

などと、気にされてしまうんですね。

悪口と愚痴は違うんです。

悪口とは、誰かを攻撃する意図を持って、悪く言ってしまうこと。ベクトルが相手に向かっています。

一方、愚痴とは吐き出し。心に溜まったアクを出しているんですね。そのベクトルは相手に向かっていないんです。

心にあるコップがいっぱいいっぱいだと、良いことも入ってきません。でも吐き出して半分に空けておけば、そこに「良いこと」は入ってくる。悪口はダメですが、愚痴を言うことはとても大事なことなんです。どんどん吐き出していきましょう。

そして、愚痴を聞いてくれた人には、ぜひ「ありがとう」もお伝えしてくださいね。

097

私たちは、もっとラクに
他の人と関わって
かけがえのない仲間になっていけます。
いつのまにか背負い込んだ、
心の荷物を下ろす時です。

他の人に弱音や愚痴を吐くことを、我慢している方がいます。

「いや、私は適度に吐き出していますよ。大丈夫です」

と話す人でも、決してそうではないことはとても多いです。

過去生のトラウマや、幼いころに「泣くと周囲を困らせてしまう」「怒ってはダメ」などと強く思い込んだせいで、弱さや本音を出さないのが当たり前。大人になった今、自分が実は我慢しているという感覚も、すっかり麻痺してしまっているんです。

我慢グセは人を孤独に陥れます。

仲間と一緒にいても、本音や弱さをさらけ出せないし、そのせいで深い信頼関係を築いていけません。他の人と無意識に距離をとってしまうので、ひそかに人を傷つけていることさえあり、実は自分は孤独なんだと気づけていない方も少なくないんです。

だからこそ、大切な仲間たちに、愚痴はどんどん吐き出していけるといいんです。

自分の弱さを自分で認めて、表現して、それを受け止めてくれる仲間がいる。その経験を重ねると、人との関わりは今よりもっとラクに、軽やかになっていきます。

心の荷物を下ろしましょう。背負い込んで「こんなものだ」と思い込んでいた重さは、実は人生に必要のないものなんですよ。

098

会いたいと願った人は、来世でも会えます。
同じように、
前世で「また会いたい」と願った人に
今再会しているのです。

「死別してしまった大切な人に、来世でも会いたい」と、切なる願いを持った方も多いと思います。

心配しないでも大丈夫です。魂は永遠であり、決して消滅しませんので、間違いなく再会できます。

あなた自身も肉体を去った後、先に逝った魂と会える可能性もありますし（この世での再会とは違うスタイルですが）、再び生まれ変わったのち、またお互いに肉体を持つ身として、出会い直すこともあります。

また視点を変えると、この人生で巡り合う人たちは、過去生で「会いたい」と願った人たちだとも、おわかりいただけると思います。

もちろん肉体を持つ身では、そのことはほとんどの方が忘れています。また中には、再会の喜びを感じるどころか、「なんとなく苦手」「生理的に合わない」「傷つけられた」などと、ネガティブに感じてしまう出会いもあるかもしれません。

でも、人との出会いの中にこそ、魂の「課題」が現れることはお話しさせていただいた通りです。私たちはお互いに「課題」を携えて、惹かれ合ったり離れたりしながら、魂を磨き合っている「同志」であり、深い絆でつながっているのです。

099

「自分には合わない……」
他の人に感じる違和感も、
上の世界の方々の
綿密なセッティングです。

人間関係って、とても雑多なものです。特に大人になるほど、価値観と価値観がぶつかり合って、「自分とは合わない人」が必ず出てきます。

でもこのような場面で、

「相手がおかしい」

と判断して、さっさと心のシャッターを閉じてしまう方も少なくありません。

でも、人との出会いは全て意味があって、巡っています。私からすると、せっかく上の世界の方々が、魂の成長のための貴重なチャンスをくださったのに、みすみす逃しているような感じなんです。

相手に違和感を抱いた時には、すぐ遮断するのではなくて、一度はその違和感の根っこにあるものを探ってみてほしいです。

そもそも、自分と相手とは視点がまるで違います。自分との違いが大きいからこそ、違和感があり、そこには思いもしなかったモノの見方や風景があるもの。

それを知るだけで、グンとあなた自身の世界が広がり、またその先の可能性も広がっていきます。それを含めて、上の世界の方々が、その出会いを驚くほど綿密にセッティングしてくださっているんですよ。

100

人を救うことができるのは人。
人は人との関わりの中でしか成長できない。

私がこれまで、ご神仏から強く伝えられたメッセージを二つ、お伝えしましょう。

その一つは、

「人を救うことができるのは人」ということ。

私たちには、社会のレベルでも個人のレベルでも、「神さまはどうして、救いの手を差し伸べてくれないのだろう？」と理不尽に思うことはいっぱいあります。

でも、ご神仏がむやみに手を出さないのも、約束の一つなんです。私たちはお互いに救われ救っていく方法を、自分たちで見い出して学ばなくてはいけないんです。

もう一つのメッセージは、

「人は、人との関わりの中でしか成長できない」でした。

人は雑多な人間関係の中でこそ成長できます。無人島で一人で誰にも邪魔されずに瞑想ざんまいで暮らしていても成長はできますが、そのスピードは遅いのです。

他の人と関わると、ネガティブな思いをたくさん経験させられます。同時に、喜びや幸せも、他の人と分かち合ってこそ、何倍にも豊かに膨らんでいきます。

頭の中で理想を追求するのもいいのですが、人間関係の中での実践があって初めて魂のレベルで学べた、成長した、ということになりこの世に生まれた意味もあります。

101

ご神仏の絶対的「プラス視点」を知ってください。

この本では、ネガティブな出来事や感情の中にこそ、魂が今生でクリアしたいと設定してきた課題があると、何度も話してきました。今後、何か悩みや苦しいことが出てきた時には、「これには、何か魂の課題があるのかも？」と考えて、自分で向き合っていってほしいと思います。

ただ、一つだけ強くお伝えしたいのは、その試練や出来事があなたの「課題」であったとしても、それは、あなたを罰するためとか、「ダメ出し」をするために現れたものでは絶対にない、ということです。

多くの人はつい「自分に足りないものがあるから、このような課題が現れたんだ」などと、ネガティブに寄った思考パターンになってしまいがちなんです。

でも、ご神仏の世界とは、全てがポジティブで「プラス」しかありません。

「あなたは十分頑張っているよ。さらにココを強化すると、あなたはもっと良くなるよ。今より幸せになるよ」

と、あくまでプラスのベースから、さらなるプラスのために必要なメッセージしか発しません。人が持つ「ネガティブ思考パターン」と違うので、最初は慣れないかもしれませんが、ご神仏の絶対的「プラス視点」をぜひ知ってください。

102

「ご神仏の視点」に変換して
人生を見るようになると、
人生の流れが決定的に変わっていくでしょう。

ご神仏の視点はいつでも、ベースはポジティブであり「絶対的プラス」です。だから、何か悩みがあったり、ネガティブなことが起こったりしても、それは全て、あなたが良くなるためだけに現れた、プラスの出来事なんです。それを知って、「そうか。自分にとって必要なことが目の前に起きているんだ。では今、私は何に気づいたらいいのかな？」

と視点を変えるようにしていくと、やがて思考の到達地点が変わります。このようなパターンを覚えていくと、人生の見方も少しずつ変わっていくでしょう。

もちろん「視点の転換」は、決して簡単なことではありません。

でも、だからこそ、人間同士のコミュニケーションが大事なんです。他の人と自分の視点が違うことを、日ごろから知って学んでいくことで、自然に鍛えられていくからです。

また、どうしても変換できないと思う場合は、自分の思考を書き出してみて、ネガティブ度合いに気づき、ポジティブに変換するとどうなるか、と頭のトレーニングをしてみてもいいでしょう。「ご神仏の視点」への変換を、この本をきっかけに、あなたの人生に取り入れて、役立ててくださったらうれしいです。

103

今の人生は
これまでいくたびも繰り返してきた人生の
「最新バージョン」です。

人は何度も何度も生まれ変わりを繰り返します（霊視をした時に見えてくるのは、その方の今の「課題」に特に関係した2、3の前世ですが）。

その中でも回数が多めの人、少なめの人というのは確かにいて、多めの人はそのぶん人生経験も豊か。人を許せる度量があって、まるで菩薩《ぼさつ》のような優しさを備えた方が多いです。また、少なめの人は人間関係の機微《きび》がよくわからず、苦労したり、生きづらさを感じたりなどがあるようです。

ただ、このようにお話しすると、生まれ変わりの回数が多いほど、魂の〝格〟が上なのかと感じてしまうかもしれませんが、決してそんなことはありません。

もともとご神仏に近く、あまりに魂が清いので磨く必要がなくて、それで生まれ変わりの回数が少ないというケースもあるからです。また、人間関係の経験とは、主に地球上での学び。他の星への転生が多い方などは、また別の次元での経験を重ねているということもあります。

輪廻転生とは、私たちの頭が想像する枠をはるかに超えた、宇宙の壮大な営みの一つ。果てしない物語の中、この人生は、決して偶然の産物なんかではありません。いくたびと繰り返してきた人生の「最新バージョン」なんです。

104

全ては因果応報《いんがおうほう》です。
「結果」は
天にお任せしましょう。

この世は一見、とても理不尽です。

どんなに頑張っても思うようには報われない、という人がいます。一方で、あまり努力もせず、それどころか人を押しのけたりズルをしたりして、まんまと成功する人もいます。報われない側からしたら、褒められない行為をして、のしあがった人を見ると「とても許せない」という気持ちになるかもしれません。

でも、あまりそのことは気にしなくても大丈夫です。

どうしてかというと、魂の世界は「因果応報」のシステムになっているから。「因果応報」とは仏教用語でもありますが、良い行いをすれば良い報いがあり、悪い行いをすれば悪い報いがあるという意味です。

ズルや意地悪をした人は、たとえこの世では結果が「現象」として現れなくても、死後、魂の世界に戻った時に大きく後悔したり、来世で結局やり直しになったりします。自分の魂だけは絶対にごまかせないんです。

この世は理不尽でも、魂の世界は極めてシンプルで、絶対的に公平です。

因果応報のシステムを知っていれば、許せない人がいても気にしないですみますね。自分の心と行いにだけ注目して、あとは天にお任せしちゃいましょう。

105

大切な方の看取《みと》りは
魂の世界への旅立ちのお見送り。
真心の餞《はなむけ》を贈りましょう。

かつて、私は母を看取りました。

最期の時、母はベッドに横たわっている肉体を抜けて、すぐそばに立ち、ニコニコと笑っていたんです。

医学的な観点では、その時点で心臓はまだ動いていました。やがて母の鼓動は完全に止まり、お医者さまによって正式に臨終《りんじゅう》が告げられました。

よく人は最期まで聴覚が残ると聞きます。この時の経験から言うと、その魂が肉体から抜けてしばらくは、そこに留まっています。確かに、こちらが話している言葉を聞いていましたし、私たちが思っていることや「念」はしっかり届いていました。

また、母の魂は「お母さん、昔こんなことをして楽しかったね」という、私たちの思い出話を、ことのほか喜んでいたんです。ささやかな思い出でも、母にとっては「この世を生きた証」。次の世界へと旅立っていくための、大きな勇気づけになるのだと知りました。

職業柄、死後の世界をよく知っていても、あの日の悲しみは決して消えることはありません。それでも、大好きな母の旅立ちに、心からの感謝と愛を餞として贈ることができて、私自身が今でも慰められています。

106

この世を去ったあと、魂は
幽玄界《ゆうげんかい》→幽界《ゆうかい》→霊界《れいかい》と上がっていきます。
そして再び
「今生に生まれたい」と自ら願うのです。

人は亡くなるとどうなるのでしょうか。

魂は肉体を抜けたあと、「幽玄界」に一時留まったのち（いわゆる四十九日）、「幽界」へと旅立ちます。幽界は想念の世界であり、願ったこと、思い描いたことが目の前に瞬時に現れるところ。この条件の中で、魂は新しい学びを進めていきます。そして自分の課題がクリアできたら、次は「霊界」へと上がっていきます。

霊界は「私」「あなた」という個別性がほとんど消滅し、全てが一つに包まれた愛に満ちた世界。そして、ここここそが魂のふるさとです。私たちはワンネスの意識のもと、霊界における学びを進めていくのです。

私たちの魂は永遠に学び続けているのですが、上の世界に行くほど、学びのスピードがゆっくりになります。そこで「肉体を持って生きたほうが早い」と自分で判断すれば、再び「今生」へと戻ります。私たちの魂は果てしなく、このサイクルを続けているのですが、それが「輪廻転生」というわけです。

魂を磨き続けていくと、やがて霊界より先の「神界《しんかい》」、ご神仏の世界へと入っていきます。神界でも、ご神仏がそれぞれ学びを進めていらっしゃいます。

壮大で深遠な魂の旅に、時に思いを馳《は》せてみてくださいね。

107

「死」。
その先の世界に、
思いを馳せてみてください。

魂の世界は、今生→幽玄界→幽界→霊界→神界と、上に行くほど、光に満ちて軽やか。逆に「今生」に近いほど、光が減って重たくなっていきます。エネルギーが5層のグラデーションのようになっているとイメージしてください。

この観点から言うと、本来、今生における肉体の「死」とは、より光り輝いて明るく、軽やかな世界へと移っていく過程です。

ただそのように言われても、私たちは「死」を恐れるもの。肉体を健康に保ち、生き延びるための本能が働くからです。ただし覚えていなくても、私たちはこれまで何度も「死」を通過してきました。肉体のレベルで怖いな、嫌だなと感じていても、一方で魂のレベルでは「大丈夫だ」と、わかってもいるのです。

ところで、人が亡くなる時によく「三途《さんず》の川を渡る」という話があります。

新しい世界へ移っていく様子を視覚化したり言語化したりしようとすると、民族としての共通の記憶や教えなどが影響して、多くの方に「三途の川」のイメージが現れやすくなるのだと思います。人によっては、花畑や光のトンネルになることもありますね。

いずれにしても、この世の私たちは全員、等しく「死」を迎えます。恐怖心を超えて、その先にある世界を思うことで、この人生をより良くしていけるでしょう。

108

生きているだけで
魂は「喜び」でいっぱいです。
「魂の法則」を知り、
この人生に勇気を持ってください。

この世に生きることは、私たちの魂が自ら選んだチャレンジです。

私たちは肉体をまとって、この世に降り立ちました。

他の人とは完全に分かれたので、自分の感覚や感情を思いっきり体験できます。とりわけ「痛み」とはどういうものか、身をもって知ることで、他の人の「痛み」を学び、やがて「愛」とはどういうものかをも体得します。

他の人との境界があいまいな上の世界では、なかなかないスペシャルな学びが、この世では存分に経験できるのです。

「そうそう。この〝感じ〟を知りたくて生まれてきたの！」

さまざまな出来事に翻弄《ほんろう》され、肉体がどんなにキツくても、私たちの魂は生きているだけで、また、「感情」を体験するだけで、実は喜びでいっぱいなんです（もちろん肉体ではそう感じないので、無理に思い込まなくてもいいです）。

この「魂の法則」を知ると、この人生にも新しい意味が生まれてくるでしょう。

どうぞ勇気を持って他の人と関わり続け、自分の心を見つめ続け、本当は魂が求めてやまない「学び」を進めてください。

人生は必ず幸せに向かって、良くなっていきます。

おわりに

この本を手に取り、そして読んでくださって、どうもありがとうございます。

今回出版のお話をいただいて、1回目の打ち合わせが終わった時、すでに「ヒントとなる考え方やコツをいくつも紹介したらどうか」というような本のイメージは、なんとなく固まっていました。

「全部で100個くらい、載せられるといいですね」

と、編集者の方とは話していたのです。

その後制作を進めて、こうして出来上がってみたら、お届けする言葉は全部で「108個」になりました。

多くの方がご存じの通り、「8」は「末広がり」を意味します。

「100」という数字も力を持ちますが、「108」には、さらに力強く広がっていくような、そんなパワーを感じます。

この本に書かれた言葉も、より多くの方々に広がっていくといいなと思っています。

私が霊視カウンセリングの仕事を始めて、15年以上が経ちました。

仕事を通じて、多くのクライアントさんのお悩みに寄り添ってきて、世の中には本当にたくさんの、悲しみや苦しみがあると感じています。

決して表立ってはわからなくても、傷ついていたり、孤独に陥っていたり、疲れ切って迷いの中にある人たちは、この世にはたくさんいらっしゃいます。

どうかこの本を通じて、秘められた無数の心の傷の隅々まで、ご神仏の限りない慈愛が行きわたりますように、そして真に癒やされますようにと、祈らずにはいられません。

ちなみに「108」とは、仏教では、人の煩悩《ぼんのう》の数ともされています。

一般的に「煩悩」とは、生きる時に感じる苦しみの原因になるもので、打ち消すべきものと考えられています。

私の師匠は真言密教の僧ですので、私自身、空海さまの教えに基づいて学んでいる

のですが、煩悩とは、実は「叶える」ことで、打ち消していけるものではないかと思います。空海さまは、

「人はどんどん欲を叶えて、幸せになっていくべきなのだ」

と、教えてくださっているからです。

この本の中でも、私たちの魂が共通して目指す大きな方向性は、

「この人生で幸せになる」

ということを何度もご紹介してきました。

あなたも幸せになり、私も幸せになり、みんなが幸せになっていく――。

それが魂の願いであり、魂の法則なのですから、その道の途中で叶えたい願いならば、どんどん叶えていったらいいのです。

そのためならば、見えない存在の方々も力を貸してくださるでしょう。

具体的にどうしたらいいのか、どのように考え、行動したらいいかは、色々な角度から、この本でお伝えしてきた通りです。

「幸せ」に私たちはもっと貪欲になってもいいんです。

今、何か迷いや苦しみがあって、自分が弱く、ちっぽけな気がしていても、どうか

あなたに絶え間なく降り注いでいる光を思ってください。

この本にある言葉たちが、その気づきのきっかけになれたら、とてもうれしいです。

最後にこの場を借りて、出版にご尽力くださった光文社の千美朝さん、ライターの向山奈央子さんに御礼申し上げます。

また、いつも見守り導いてくださる師匠、温かく支えてくれる仲間たちにも、心からの感謝の気持ちを伝えたいと思います。

私自身、これからもご神仏の思いを受け止めながら、「人の役に立つ」という魂の課題に取り組み、幸せに続く道を進んでまいります。

皆さん、これからも、どうぞよろしくお願いいたします。

令和5年3月、寒さの中にも春の光を感じる日に。

霊視カウンセラー　尚

尚（なお）

霊視カウンセラー。1982年生まれ。幼少期より霊能力を備え、数々の不思議な体験をする。成人後 、真言密教の師匠と出会い、その導きで2007年より霊視カウンセリングを開始。口コミで人気が広がり、女性を中心に北海道から沖縄まで幅広い顧客を持つ。これまでの霊視件数はのべ3000件超。優しく穏やかな語り口は「聞くだけで癒やされる」と評判。YouTubeチャンネル『新感覚! 心霊バラエティ「あっちこっちスイッチ」』への出演や、著書に『神様からのギフト』『どんどん願いが叶う！すごい密教』（ともに廣済堂出版）がある。また2022年春に杉山響子：作詞、杉山弘幸：作曲、小岩伸也：編曲による「船はうたう」をレコーディング、好評配信中。

神《かみ》さまが教《おし》えてくれた 魂《たましい》の法則《ほうそく》

2023年4月30日　初版第1刷発行

著者　尚《なお》
発行者　三宅貴久
発行所　株式会社 光文社
〒112-8011 東京都文京区音羽1-16-6
電話　ノンフィクション編集部 03-5395-8172
書籍販売部 03-5395-8116
業務部 03-5395-8125
メール non@kobunsha.com
落丁本・乱丁本は業務部へご連絡くだされば、お取り替えいたします。

組版　新藤慶昌堂
印刷所　新藤慶昌堂
製本所　国宝社

ISBN978-4-334-95375-1